MISTER TODIWALAS
BOMBAY

MISTER TODIWALAS
BOMBAY

ORIGINALREZEPTE & ERINNERUNGEN AUS INDIEN

CYRUS TODIWALA

FOTOS VON HELEN CATHCART

AUS DEM ENGLISCHEN VON HELMUT ERTL

KNESEBECK

INHALT

EINFÜHRUNG

»O Bombay, mein Bombay«, das ist eine Wendung, die in so manchem Lied anklingt. Oder: »Ein bisschen achtsam, ein bisschen wachsam, das ist mein Bombay, mein Schatz.« Die Stadt bestand ursprünglich aus sieben Inseln, die durch Dämme miteinander verbunden waren und im 18. Jahrhundert zu jener Metropole zusammenwuchsen, die wir heute kennen. Die portugiesischen Eroberer nannten sie »Bombaiyya« (gute Bucht), und die Briten verkürzten den Namen zu Bombay. Heute heißt die Stadt Mumbai nach Mumbadevi, der Göttin der Fischer, die einst die Inseln bewohnten, doch für viele ist und bleibt sie das tradirionelle Bombay (wenngleich wir sie im Alltag natürlich Mumbai nennen).

In der langen Geschichte Bombays siedelten sich ständig neue Zuwanderer aus anderen Teilen des indischen Subkontinents in der Stadt an. Viele kamen von kleinen Lehensgütern auf den umliegenden Inseln und im Hinterland, andere erhofften sich, angezogen von ihrer bevorzugten Lage, Reichtum und Wohlstand. Selbst heute strömen angeblich täglich Tausende nach Bombay in der Hoffnung, dort den berühmten Sack voller Gold zu finden. Die meisten schlagen sich mehr schlecht als recht durch, anstatt in ihre Dörfer zurückzukehren – entweder weil das Leben in Mumbai tatsächlich immer noch besser ist als in ihrer Heimat oder weil sie sich die Rückfahrt schlicht nicht leisten können. Die wachsende Metropole hat nach inoffiziellen Schätzungen mehr als 22 Millionen Einwohner. Sie ist Indiens wichtigstes Finanz- und Handelszentrum, doch vor allem ist sie für mich und viele Millionen Einwohner die beste Stadt des Landes, wenn nicht der Welt.

Ich bin in Bombay geboren und verbinde viele schöne Erinnerungen mit der Stadt. Obwohl ich unter schwerem

Asthma litt, hatte ich eine glückliche Kindheit. Ich wuchs in einer Großfamilie mit einem beliebten, stadtbekannten Vater und einem ebenso prominenten Onkel auf und hatte das Glück und das Privileg, Hunderte von Menschen zu treffen, von denen ich viel lernte. Mein Onkel war Arzt und nutzte unser Wohn- und Esszimmer nachmittags als Praxis. Scharen von Patienten strömten herbei, um sich von einem Mann behandeln zu lassen, den sie für einen von Gott gesandten Engel der Heilkunst hielten. Sein Renommee war so groß, dass sie nachts, wenn er schlief, auf den Stufen des Hauses ausharrten, weil sie sich nur von ihm behandeln lassen wollten!

Mein Vater war der erste Inder, der für die Western India Automobile Association, einen bedeutenden Automobilclub, arbeitete, und der erste Leiter des Straßenbauamtes, das eng mit der Polizei und anderen Behörden Bombays kooperierte. Er war damit ein angesehenes Mitglied der Gesellschaft. Als das Gebäude, in dem wir wohnten, 1968 verkauft und später abgerissen wurde, um einem neuen Komplex Platz zu machen, zogen wir nach Bandra, einem Vorort von Bombay. Mein Vater hatte dort bereits 1938 mit seinen zwei Tanten gelebt und sich bis zu ihrem Tode um sie gekümmert. Seitdem ist das Haus unser Zuhause in Bombay. Ich verbrachte auch drei Jahre bei meinem Onkel in Madhya Pradesh, einem Bundesstaat in Zentralindien. Das trockene Klima linderte mein Asthma, und die regionale Küche machte großen Eindruck auf mich. Doch war es vor allem meine Familie, die mir den Sinn für gutes Essen beibrachte. Die Gerichte meiner Mutter, die Mahlzeiten bei den Nachbarn, der Imbiss auf der Straße, sie alle hatten Einfluss auf meine Küche, und das bis zum heutigen Tag. Und jedes Mal, wenn ich nach Bombay zurückkehre, lerne ich etwas Neues dazu.

Meine Großtante machte fabelhafte *Chapatis* (Fladenbrot), mit Hackfleisch gefüllte Kartoffelplätzchen und vieles mehr. Ihr scharfes Curry aus Lammhackfleisch war berühmt in der ganzen Familie, ebenso ihre Chutneys und Pickles, und nie werde ich ihren Rohrohrzuckersirup vergessen. Er erinnerte an dunklen Rübensirup, und wir Kinder waren alle ganz wild darauf. Auch meine Mutter war Expertin im Chapati-Backen. Es war faszinierend, wie makellos rund sie die Fladen zu formen wusste und wie sie unter ihren Händen beim Ausrollen herumwirbelten. Ich habe ihr Geschick nie erreicht. Noch heute schwärme ich von den in Butter und Zucker goldgelb ausgebratenen *Chapatis* vom Vortag, die wir als kleine Kinder bekamen. Später, als ich etwas älter war, machte ich sie selbst – und verkaufte sie an meine Cousins, Cousinen und meine Schwester.

Bombay ist ein Schmelztiegel der Kulturen und Küchen. Das Angebot der Straßenküchen ist unüberschaubar und bietet mehr an raffinierten Kombinationen als jede andere für ihre Küche bekannte indische Stadt wie Delhi, Kalkutta, Chennai, Lucknow, Bangalore und Hyderabad. Sie alle bieten hervorragende Straßenkost und sind auf ihre Weise einzigartig, doch Mumbai – unser Bombay – stellt sie allein durch die schiere Menge, Vielfalt und Kreativität in den Schatten.

Der Stadtteil, in dem wir zuerst mit der ganzen Familie zusammenwohnten, war gespickt mit Imbissständen und Straßenhändlern. Damals war die Gegend natürlich noch nicht so geschäftig und quirlig wie heute, da sich die Zahl der Verkäufer verzehnfacht hat. Umso mehr freut es mich, dass es einige der alten Läden heute, 50 Jahre später, immer noch gibt.

Erstaunlich finde ich allerdings, wie viel Geld die jungen Leute heutzutage zur Verfügung haben. Wenn ich da an meine Kindheit und Jugend zurückdenke! Das Geld war so knapp, dass wir ein paar Haltestellen zu Fuß gingen, um genug für ein paar heiße *Batata Vada* (Seite 166) und eine Tasse *Chai* (Seite 256) abzuzweigen. Wer in den Sechziger- und Siebzigerjahren in Bombay aufgewachsen ist und seine Lebensart und Atmosphäre erfahren hat, muss die Stadt heute aberwitzig teuer finden. Dennoch haben Charme, Ausstrahlung und Vielfalt der Moden und Stile nie nachgelassen, im Gegenteil, sie haben sich eher vervielfacht.

Meine Vorliebe für gutes Essen bewog mich schließlich zu einer Ausbildung an einem Catering College, dem Basant Kumar Somani Polytechnic. Es war der Startpunkt einer fantastischen, erfüllten, erfolgreichen, wenn auch mit mancher Enttäuschung verbundenen Karriere. Als ich kürzlich ein paar meiner alten Mitstreiter traf, kam uns so mancher alte Schabernack in den Sinn, etwa wie wir unsere Lehrerin für Vorratshaltung an der Nase herumführten. Mein Freund Arun Alvares und ich meldeten uns immer als Freiwillige für alles Mögliche, wofür wir stets Lob ernteten, doch wir führten oft anderes im Schilde. Jedes Mal, wenn wir aus dem Lager die Hähnchen für die Klasse holten, verschwand auf wundersame Weise das Geflügelklein (Lebern, Mägen, Hälse und Herzen), und sie steckte in der Bredouille.

Natürlich hatten wir es uns unter den Nagel gerissen, um es später mit unseren Komplizen in ein köstliches Gericht zu verwandeln. Eines Tages hörte ich, wie sie den Lagerverwalter anfauchte, er solle sich beim Lieferanten beschweren, der ein Betrüger sei und das Geflügel gefälligst samt Innereien zu liefern habe. Der stritt natürlich alles vehement ab. Schließlich kam sie uns auf die Schliche, doch all das Wändeabseifen und Pfannenschrubben zur Strafe war nichts gegen die vielen genussreichen Orgien, die wir gefeiert hatten.

Schon bald standen wir in dem Ruf, für jede Art von Unfug gut zu sein, und wann immer etwas schieflief, bestellte uns die Direktorin ins Büro. Unsere Unschuld zu beweisen wurde zur größten Herausforderung! Viele Erinnerungen dieser Art kommen mir in den Sinn, wenn wir mit den Freunden von damals zusammensitzen, essen und trinken und uns an die guten alten Zeiten erinnern. Freude am Kochen entwickelte ich jedoch nicht erst am College. Schon als Zwölfjähriger pfuschte ich in der Küche ständig meiner Mutter ins Handwerk, doch Gelegenheit, richtig zu kochen, bekam ich erst im Internat.

Das Essen dort war, gelinde gesagt, miserabel, und als Schüler im Wachstum mit viel Bewegung und ständig leerem Magen mussten wir etwas gegen die quälenden Hungerattacken tun. Die einzige Zeit, in der das halbwegs ungestört möglich war, waren die frühen Morgenstunden, so zwischen drei und vier. Den Plan auszuhecken war einfach, den nötigen Obolus einzutreiben ebenfalls, da wir alles teilten. Man muss nur bedenken, dass unser Taschengeld ganze zwei Rupien pro Woche betrug, umgerechnet etwa zwei Cent. Auch in Indien war das nicht der Rede wert. Selbst ein Bettler würde einen derart lächerlichen Betrag seinem Spender nachwerfen! Es musste ein Kocher hineingeschmuggelt werden und Petroleum zum Heizen natürlich. Wir hatten einige Verbündete unter dem Küchenpersonal der Schule, die uns für ein kleines Trinkgeld halfen und zu Komplizen bei unseren Machenschaften wurden – oder Schandtaten, wer es so nennen will. Wir zahlten ihnen zehn Rupien für einen Kocher und eine Rupie für einen Liter Petroleum. Rauch musste unbedingt vermieden werden, denn unser Hausmeister war ein alter Fuchs, der uns oft erwischte und so manchen Kocher konfiszierte. Eigenartig, dass er nie eine Catering-Firma gegründet hat; denn allein von mir hat er sechs Kocher eingezogen und viele mehr aus den anderen Schlafsälen!

Wohlgemerkt, wir versuchten nur, unseren bohrenden Hunger zu stillen. Brotreste, manchmal mit grässlicher Margarine bestrichen, und angebissene Rinden wurden in Taschen gestopft und bei mir im Schlafsaal abgeliefert. Die Milch war immer eine Dose gesüßte Kondensmilch ($1^1/_2$ Rupien). Dazu bunkerten wir alles, was sich irgendwie für ein Porridge oder eine Brotsuppe verwenden ließ. Die Vorräte wurden in einem alten Ölkanister verstaut und samt Brot, Milch, Wasser, Pulverkaffee und rohem Obst – zumeist Guaven, die in der Nähe wuchsen, oder violette Jambul-Früchte – im Toilettenraum versteckt. Die Porridge-Session konnte beginnen. Ich war zuständig für die kulinarischen Sternstunden, während andere Schmiere standen und nach dem immer neugierigen Mr. Gadre Ausschau hielten, der ein untrügliches Gespür dafür hatte, wenn etwas im Busch war.

Das Porridge wurde an alle verteilt, die zu so unchristlicher Stunde wach waren, und eilig verschlungen. Dann wurde alles abgewaschen und wieder verstaut, der Kocher sorgfältig in irgendeinem Koffer versteckt, Phenol versprüht, um den Geruch nach Essen und Petroleum zu vertreiben, und weitergeschlafen, bis uns um sechs Uhr der Wecker weckte. Ich weiß nicht, ob ich unsere Kreationen heute noch essen würde, da ich nicht gerade unter Hunger leide, doch was waren das für Zeiten!

Ein entfernter Verwandter besaß ein Hotel in Devlali, einer kleinen Bergstation für Erholungssuchende (oder Deolali, wie es die Briten nannten, als es noch ein Durchgangslager der Armee war). Daher stammt übrigens der Begriff »doolally« (plemplem – Soldaten, die dort nach ihrem Einsatz auf ein Schiff zurück in die Heimat warteten, befiel zuweilen eine Art Lagerkoller und scheinbarer Wahnsinn – der doolally tap). Jeden Monat durfte ich ein Wochenende bei ihm verbringen. Im Speisesaal des *Coronation Hotels*, wo sich die Gäste zum Frühstück, Mittag- und Abendessen versammelten (damals war Vollpension üblich), herrschte eine typisch britische Atmosphäre. Ich verbrachte dort mehrere Stunden, beobachtete die Köche und lernte viel dazu.

MR. BAKER

Die Ausbildung in Bombay ermöglichte mir wertvolle Einsichten in die Arbeitsweise der verschiedenen Betriebe, die wir durchliefen – Hotels, Restaurants, Catering für Veranstaltungen und so weiter. Geld spielte keine Rolle, oft wurden wir nach Strich und Faden ausgebeutet, aber es machte Spaß.

In jener Zeit wuchs mein Faible für das Backen, und bald war ich im College als Mr. Baker bekannt. Eines Tages wurden Arun und ich gebeten, einige Obstkuchen für eine ostindische Hochzeit zu backen. Unsere Kreationen kamen bei den Kunden bestens an, und bald entwickelte sich die Kuchenbäckerei zu einem kleinen Zusatzgeschäft. In den frühen Morgenstunden backten wir die Kuchen, portionierten sie, verpackten sie und lieferten sie aus, bis am Morgen der Unterricht begann.

Selbst als ich als Kochgeselle im *Taj Mahal* Hotel Vollzeit zu arbeiten begann, führte ich die Backerei fort und wickelte nebenher mehrere Aufträge ab, und das zu jeder Zeit. Da ich um sieben oder acht das Haus verließ und nicht vor Mitternacht zurückkam, war ich auf die Hilfe meiner Eltern angewiesen und spannte sie als unbezahlte Hilfskräfte ein. Sie kleideten die Backformen aus, wogen die Zutaten ab und stellten alles bereit, bevor sie zu Bett gingen. Wenn ich nach Hause kam, machte ich mich frisch, arbeitete bis zwei oder drei und ging ebenfalls schlafen. Gebacken wurde in mehreren Kastenöfen – nur die Älteren werden sie noch kennen. Das waren kleine Blechkästen mit Tür und Einschubleisten, die man direkt über der Flamme auf den Gaskocher platzierte. Am Ende der Backzeit nahm man die Kuchen zum Abkühlen heraus und stapelte die Kästen übereinander. Es war eine langwierige, aber effiziente Methode, wenngleich die Kästen immer schief standen und mit Keilen austariert werden mussten, damit die Kuchen gerade gerieten.

Nach dem Aufstehen sammelten meine Eltern die überall auf Gittern verstreuten Kuchen zusammen und stellten sie auf den Tisch, wo ich sie nach dem Frühstück aufschnitt, damit meine Mutter sie später verpacken konnte. Mein Vater brach früh zur Arbeit auf, und meist verließen wir gemeinsam das Haus. Später kam dann der Kunde und ließ sich von meiner Mutter die Kuchen aushändigen. Es war wirklich anstrengend, doch wenn man jung ist, steckt man das weg. Damals fühlte ich mich unbezwingbar, ohne die unermüdliche Unterstützung durch meine Eltern wirklich zu würdigen. Aber ohne ihren unverdrossenen Einsatz hätte ich nichts erreicht!

Schließlich brachte ich es zu etwas Geld und kaufte davon einen großen Herdblock mit Ofen, in dem noch mehr Kuchen Platz hatten. Meine Mutter liebte den neuen Ofen, in dem ihre »Granu Toasts« (wie sie mein Neffe und meine Nichte scherzhaft nennen) perfekt gerieten. Habe ich schon von unseren Toasts erzählt? Sie sind gewissermaßen das Familiensymbol der Todiwalas, und meine Mutter ist ihre unsterbliche Schöpferin. Noch heute bitten mich Freunde und Nachbarn in Bombay, ob ich sie nicht zubereiten könnte. Meine Schwester macht sie noch, und das geht so: Um halb fünf heißt es aufstehen (meine Eltern waren früh auf den Beinen, aber meine Mutter musste das auch sein bei den mindestens 50 Toasts, die wir zum Frühstück verputzten). Gutes, festes Brot vom Vortag wie für Melba-Toast in ganz dünne Scheiben schneiden und in einem Sandwichtoaster oder Wendetoaster (wer noch einen besitzt – ich glaube, es gibt sie nicht mehr!) ganz sanft antoasten, dick mit Butter bestreichen und eine Weile ziehen lassen. Die Toasts anschließend auf ein Blech legen und bei 120 °C im Ofen backen, bis sie goldbraun sind und die Butter schäumt – der absolute GAU für alle, die sich vor Cholesterin fürchten, aber fantastisch mit Rührei ..., richtiges Rührei meine ich, nicht diese missratenen Omeletts!

NEUE GESCHÄFTSIDEEN

Doch ich schwelge zu sehr in meinen Erinnerungen an Mutters sensationelle Toasts ...

Das Kuchengeschäft führte dazu, dass mich der Caterer fragte, ob ich auch günstigen Wein für Hochzeitsfeiern und dergleichen besorgen könne. Nun war ordentlicher Wein damals nicht leicht zu bekommen, und die aufgespriteten Tropfen hauten einen um wie der Tritt eines bockigen Esels. Also kaufte ich ein englisches Buch über häusliche Weinbereitung und versuchte mich selbst als Winzer. Nun ja, ich hatte zwei unbezahlte Mitarbeiter, wenn auch nur in Teilzeit, ich konnte mich nicht beklagen. Wir hatten ein Gästezimmer, in dem wir ein langes Gestell errichteten, auf dem wir fünf 100-Liter-Fässer platzierten, und los ging's. Meine Eltern verloren ein paar Freunde wegen des entsetzlichen Gestanks im Haus und der Bienen und Fliegen, die er anzog. Ein Schutzsystem musste her, und so erhielt der Raum das erste Fliegengitter in einem indischen Haus.

Ich verlegte mich auf süßen Wein, denn Inder mögen keinen trockenen, außerdem kaschiert die Süße eventuelle Mängel. Die vergorenen Pressrückstände verwendeten wir nach dem Abziehen des Mostes als Dünger in unserem Garten, sehr zur Freude der Krähen, die sich gleich darauf stürzten. Wir mussten sie schließlich bei Nacht vergraben, um den Attacken dieser sturztrunkenen Kreaturen zu entgehen.

In jener Zeit ging ich zu den frühmorgendlichen Auktionen auf dem Großmarkt, um Sultaninen, kandierte Zitrusschalen und andere Trockenfrüchte für meine Backwaren zu kaufen. Eines Morgens sah ich, wie Lieferanten und Händler frisch gepressten Orangen- und Limettensaft tranken. An den Saftständen lagen immer haufenweise Schalen von Zitrusfrüchten herum, warum also die Schalen nicht selbst kandieren? Richtig geraten: Ich stieg in das Kandiergeschäft ein. Meine Mutter, die Ärmste, musste den leise vor sich hin köchelnden Sirup überwachen. Ich heuerte für ein kleines Taschengeld ein paar Kinder aus der Nachbarschaft an, die mit einem Teelöffel die bittere weiße Schale abkratzten. Zucker kaufte ich en gros, aber am Ende hatte ich mehr kandierte Schalen, als ich brauchte. Was tun? Ich verkaufte sie an mein College und an andere Händler und machte ihnen einen guten Preis.

Das führte zu einer weiteren Geschäftsidee, denn nun kannten mich die Obstgroßhändler, und wann immer sie überreife Ananas oder Guaven nicht loswurden, fragten sie mich, ob ich dafür Verwendung hätte. Eigentlich nicht, sagte ich, aber für einen guten Preis würde ich sie nehmen und meinem Nachbarn geben. Aber gute Früchte einfach so weggeben? Niemals! Machen wir doch lieber Marmelade daraus, sagte ich mir. Einmal mehr spannte ich meine leidgeprüften Eltern ein. Glauben Sie mir, sie haben sich nie beklagt. Ihr Haus war praktisch besetzt, es ging zu wie in einer Fabrik und es roch auch so, doch ihre Unterstützung war bedingungslos. Während all dieser Zeit arbeitete ich weiter Vollzeit im *Taj Mahal*, wo ich ständig Neues dazulernte und weitere Ideen ausbrütete.

Als das Arbeitspensum und die Müdigkeit mich schließlich übermannten, hatte alles plötzlich ein Ende. Tatsächlich wurde mir die Entscheidung abgenommen, als mich ein Dobermann fürchterlich biss und meine Arbeitsunfähigkeit den Kollaps herbeiführte.

ZURÜCK INS TAGESGESCHÄFT

Im *Taj Mahal* zu arbeiten, war ziemlich prestigeträchtig für einen jungen, aufstrebenden Koch, aber wie dürftig war die Bezahlung! Ich war auf die Einkünfte aus meinen anderen Erwerbsquellen angewiesen, um ein Leben zu finanzieren, wie es ein junger Mann in der Stadt führen möchte. Das *Taj* hat es mir ermöglicht, viel zu lernen und meine Fertigkeiten zu vervollkommnen. Es waren Jahre harter Arbeit, ja, und in der heutigen Zeit würde man sogar von rücksichtsloser Ausbeutung sprechen, doch ich liebte meine Arbeit und schon bald machte ich meinen Weg nach oben, vertiefte mein Wissen und qualifizierte mich für Führungsaufgaben – bis zuletzt.

Und dann bescherte mir das *Taj* etwas wahrhaft Besonderes: ein hübsches junges Mädchen mit Namen Pervin, das mit seinem College zur betrieblichen Ausbildung in meiner Küche landete. Wie es geschah, weiß ich nicht mehr, doch mittlerweile sind wir 28 Jahre verheiratet und haben zwei Söhne, Jamsheed und Hormuzd. Trotz unserer verrückten Unternehmungen und meiner Schrullen sind wir immer noch zusammen. Pervin war für mich immer eine unschätzbare Hilfe. Inzwischen sind unsere Söhne ebenfalls im Geschäft, und obwohl – oder weil – wir keinen Druck ausüben, wächst ihr Interesse ständig.

Neben Familie, Freunden und Verwandten hat auch das *Taj Mahal* einen bleibenden Eindruck bei uns hinterlassen, und bis zum heutigen Tage nennen wir es »unser Taj«. Doch meine erste große Leidenschaft war das Backen, und dank meiner Eltern hat sie nie nachgelassen. Ich könnte noch viele Geschichten erzählen, auch lustige, doch davon ein anderes Mal mehr, vielleicht in meinen Memoiren, sollte ich sie schreiben.

MEIN GELIEBTES BOMBAY

Eines habe ich Bombay in jedem Fall zu verdanken: meine wahnsinnige Arbeitswut. Aber ich war immer mit der Begeisterung eines kleinen Kindes dabei, und das bin ich im Herzen immer noch. Die Stadt hat alles, um unsterblich zu sein. Sie ist mitreißend, verrückt, herzerwärmend, berauschend und verschwenderisch in Küche und Kultur. Es ist ein Ort, zu dem viele eine Hassliebe hegen, faszinierend und rätselhaft, hektisch und dennoch beschaulich, teuer und auf der Straße doch billig genug, um den Armen und den weniger vom Glück Verfolgten eine Existenz zu ermöglichen. Doch vor allem ist Bombay trotz seiner Größe und Einwohnerzahl eine der sichersten Städte der Welt. Wer es nicht glaubt, frage seine Menschen.

Bombay ist eine geschichtsträchtige Stadt, doch bietet sie auch Unterhaltung und eine Küche, die ihresgleichen sucht. In diesem Buch möchte ich die besten Rezepte aus meiner Zeit in dieser wunderbaren Stadt mit Ihnen teilen, damit auch Sie auf den Geschmack meines geliebten Bombays kommen.

SNACKS

Der Begriff Snack hat weltweit viele verschiedene Bedeutungen. In Großbritannien stellt man sich darunter vielleicht einen Teller mit Sandwiches, ein paar Kekse, Pastetchen, Sausage Rolls oder andere frittierte Kleinigkeiten vor. In den meisten Kulturen des Fernen Ostens wird den ganzen Tag gesnackt, dort isst man allerdings kleine Portionen richtiger Gerichte.

Auf dem indischen Subkontinent hat man den Eindruck, die Snack-Kultur sei so etwas wie die gemeinsame Leidenschaft der Massen. Von frühmorgens bis spät in die Nacht wimmelt es in den Straßen von mobilen Imbissanbietern, die unablässig schreien, gestikulieren und mit ihren Geräten hantieren, um die wohl größte Auswahl an kleinen Häppchen der Welt unter das Volk zu bringen.

Man verliert nur zu leicht den Überblick und man mag einwenden, dass die Menschen zwischendurch zu viel essen, schließlich steht die Hauptmahlzeit ja noch bevor. Man kann sich aber auch hemmungslos ins Vergnügen stürzen und die vielen zum Anbeißen appetitlichen und vielfach nicht ganz so gesunden Verlockungen der Reihe nach probieren. Die Völlerei ist eine lässliche Sünde, das Fasten ein vergessenes Versprechen, und wen interessiert schon die Gesundheit, wenn man dieses überwältigende Gefühl der Unverwundbarkeit hat.

Die Vielfalt der Snacks in Indien ist so groß, dass es fünf Leben bedürfte, um auch nur die Hälfte davon zu probieren. Darum haben wir uns in diesem Buch auf einige unserer Favoriten aus Bombay beschränkt, jener unverbesserlichen, verrückten, total außer Kontrolle geratenen, unglaublich verfressenen und absolut märchenhaften Stadt.

Snacken ist ein wichtiger Teil des Alltags der Mumbaikars oder Bombaywallas. Das Angebot an Speisen reicht von spottbillig über sündhaft teuer bis zu jenen, die wir bevorzugen: die preiswerten und guten! Auch zu Hause ist der kleine Imbiss zwischendurch nicht unüblich, und dort sind es die Frauen, die einige der köstlichsten Genüsse der Menschheit hervorgebracht haben. Die größten Talente der Kochkunst findet man oft in der häuslichen Welt, wo Mütter, Ehefrauen, Tanten, Großmütter und Schwestern hinter verschlossenen Türen still vor sich hin werkeln, um ihre Lieben mit kleinen Snacks zu verwöhnen, die gestandene Köche wie ich nur zu gern beherrschen würden. Jede Frau schwört auf ihre eigenen Geheimrezepte, und jeder Sohn, jeder Ehemann, Bruder und sonstige Bewunderer wird bereitwillig bestätigen, dass sie unübertrefflich sind.

Die Frauen aus Gujarat sind für mich das Maß aller Dinge. Sie sind die wohl am besten geschulten Töchter und Schwiegertöchter, und in ihren Familien ist das Essen die alles verbindende Größe. Sie machen praktisch alles selbst und stellen mit ihrem Können auch die größten Köche unter uns in den Schatten.

Ich hätte Ihnen gern noch mehr Snackrezepte präsentiert, vielleicht ein anderes Mal. Bis dahin erfahren und genießen Sie erst einmal diese Auswahl aus der wunderbaren Welt der indischen Snacks.

Für das Masala

2 dünne grüne Chilis
6–8 Zweige Koriandergrün
2 Knoblauchzehen
1 cm frischer Ingwer
$\frac{1}{2}$ TL Kreuzkümmelsamen
$\frac{1}{4}$ TL Salz
1 Prise gemahlene Kurkuma

Für das Omelett

4 Eier, getrennt
1 TL Mehl
2 TL Sonnenblumenöl
1 TL Butter (nach Belieben)

Dazu passt

Süßes Chutney und warmes, gebuttertes Landbrot

BHUJELO PORO

SCHARFES OMELETT AUS DEM OFEN

Für 2–4 Personen

Dieses Omelett ist eine parsische Spezialität und stammt ursprünglich aus Gujarat. Es sollte gleich nach dem Backen gegessen werden. Was immer Sie dazu servieren möchten, ob Toast, Brot oder Croissants, sollte also bereitstehen. Zum Frühstück passt ein Fruchtgelee.
Die Parsen essen dieses Omelett gern mit einem großen Stück Butter. Wenn Sie es sich leisten können, kann ich es nur empfehlen.

Den Ofen auf 220 °C vorheizen. Sämtliche Zutaten für das Masala im Mörser zu einer homogenen Paste zerreiben. Nach Bedarf etwas Wasser zugeben – jedoch nicht zu viel, sonst wird das Masala zu flüssig.

Das Eiweiß zu sehr festem Eischnee schlagen. Die Eigelbe mit dem Mehl und der Masala-Paste verrühren. Der Teig sollte ziemlich flüssig bleiben, nach Bedarf etwas Wasser dazugeben. Die Mischung vorsichtig unter den Eischnee heben.

Das Öl in einer beschichteten ofenfesten Pfanne von 25 cm Durchmesser oder in einer feuerfesten Backform erhitzen. Die Omelettmasse hineingießen und gleichmäßig zerlaufen lassen.

Nach Belieben die Butter in Flöckchen auf dem Omelett verteilen und die Pfanne nach 1–2 Minuten, wenn das Omelett am Boden langsam Farbe annimmt, in den Ofen schieben.

Das Omelett 5–10 Minuten backen, bis es goldbraun und luftig-locker aufgegangen ist. Zur Garprobe in der Mitte mit einem Messer einstechen; es sollten keine Eireste daran haften bleiben.

Das Omelett halbieren oder vierteln und mit einem süßen Chutney und warmem Butterbrot, Brötchen oder Toast genießen.

18 Chicken Wings, Flügelspitzen und erstes Gelenk entfernt
5 cm frischer Ingwer, fein gehackt
4 Knoblauchzehen, gehackt
3 lange, dünne grüne Chilis
2–3 EL helle Sojasauce
1/2 TL Salz oder nach Geschmack
3 Eier
100–150 g Maisstärke
Pflanzenöl zum Frittieren
gehackter grüner Chili und roter Chilidip zum Servieren

DRUMS OF HEAVEN

FRITTIERTE CHICKEN WINGS

Ergibt 18 Stück

Es gibt eine große Gemeinde von Chinesen in Indien, überwiegend Einwanderer aus Hakka, die vor einigen Jahrhunderten nach Indien kamen und dort heimisch wurden. Ihre Küche entwickelte sich weiter, und wie wir Parsen übernahmen auch sie einige indische Elemente. Manche chinesischen Gerichte sind ganz auf die Straßenküche zugeschnitten. Spätabends tauchen an belebten Ecken oft Handkarren mit einem Wok-Kocher darauf auf, die mit einer kleinen Speisenauswahl eine hungrige Schar von Anhängern versorgen. Diese knusprig frittierten indo-chinesischen Chicken Wings, auch Chicken Lollipops genannt, die sehr heiß, mit fein gehacktem grünem Chili und einem feurigen Dip serviert werden, sind ein Muss für alle, die es scharf mögen.

Das Fleisch vom Ende der Hähnchenflügel nach unten schieben, aber nicht vollständig vom Knochen ablösen. Dann den freiliegenden Knochen in die eine Hand nehmen und mit der anderen das Fleisch am unteren Ende umstülpen, sodass es nach außen zeigt und die Haut innen liegt. Alle Hähnchenflügel in dieser Weise vorbereiten.

Ingwer, Knoblauch und die grünen Chilis mit der Sojasauce und Salz in einer Schüssel, in der alle Hähnchenflügel Platz haben, verrühren (Vorsicht, die Sojasauce ist bereits recht salzig). Die Flügel einlegen und von allen Seiten mit der Marinade einreiben. Den Schüsselrand mit Küchenpapier säubern, die Schüssel zudecken und die Hähnchenflügel 3–4 Stunden im Kühlschrank marinieren.

Die Eier verschlagen. Nach und nach die Maisstärke einarbeiten, bis ein dicker, klebriger Teig entstanden ist. Den Teig unter die Hähnchenflügel mengen, bis alle Flügel damit überzogen sind.

Das Frittieröl auf 180 °C erhitzen – zur Kontrolle ein kleines Stückchen vom Teig hineingeben; steigt es sofort siedend an die Oberfläche, ist das Öl heiß genug. Zum Abtropfen eine Schüssel mit einem Sieb darin bereitstellen. Die Chicken Wings voneinander trennen, falls sie aneinanderkleben, und portionsweise in dem Öl ausbacken, bis sie kräftig gebräunt und knusprig sind. Mit einem Schaumlöffel herausheben und zum Abtropfen in das Sieb geben – falls nötig, zusätzlich auf Küchenpapier abtropfen.

Die Chicken Wings mit gehacktem grünem Chili und rotem Chilidip servieren.

BISMILLAH A
19/21, MUTTON STREET, AYSHA BUIL
लाह आर्ट पॅलेस
१९/२१, मटन स्ट्रीट, आयशा बि

800 g ausgelöstes
Hähnchenfleisch
Salz und weißer Pfeffer
30 g Butter, zerlassen

Für das Masala
150 g Joghurt
40 g frischer Ingwer, grob gehackt
40 g Knoblauch
1/2 TL Kreuzkümmelsamen
1/2 TL Koriandersamen
1/2 TL Chilipulver
1/4 TL gemahlene Kurkuma
2 EL Limettensaft
1/2 EL Garam Masala
50 ml Erdnuss- oder Sonnenblumenöl

Für das Joghurt-Minze-Dressing
1/2 Bund frische Minze
4–5 geh. EL griechischer Joghurt
1 TL Zucker
1 grüner Chili
Salz nach Geschmack

Zum Servieren
Kachumber (siehe Seite 93)
Chapatis (siehe Seite 183)

MURGH TIKKA

HÄHNCHEN TIKKA

Für 6 Personen als Snack

Dieses Tikka *vom Huhn, das wohl bekannteste indische Gericht, ist ein fleischiger, saftiger Spieß und ideal als kleiner Snack oder Vorspeise.* Tikka *bedeutet schlicht »Würfel«. Traditionell wird es in einem Tandoor zubereitet, doch gegrillt oder im Ofen gebraten schmeckt es ebenso gut. In Indien verwendet man ausgelöste Unterschenkel, aber Oberschenkel, Brust oder eine Mischung aus beidem sind auch geeignet.*

Das Hähnchenfleisch in mundgerechte Würfel schneiden, mit etwas Salz und Pfeffer einreiben und beiseitestellen.

Für das Masala alle Zutaten mit dem Pürierstab oder im Mixer zu einer glatten Masse verarbeiten. Die Würze prüfen und eventuell weiteren Chili untermengen, wer es scharf mag.

Die Hähnchenwürfel rundherum gleichmäßig in dem Masala wenden und zugedeckt mindestens 4–5 Stunden oder über Nacht im Kühlschrank marinieren.

Einen Elektro- oder Holzkohlegrill vorheizen – nicht zu heiß, sonst verbrennt das Fleisch, bevor es durchgegart ist. Für die Zubereitung im Ofen das Gerät auf 230 °C vorheizen. Das Fleisch auf 8 gewässerte Holzspieße stecken und 15 Minuten grillen oder 8–10 Minuten im Ofen braten, bis es kräftig gebräunt und durchgegart, jedoch noch zart und saftig ist. Die Spieße ab und zu mit der zerlassenen Butter bestreichen und wenden.

Für das Joghurt-Minze-Dressing alle Zutaten mit dem Pürierstab oder im Mixer zu einer glatten Masse verarbeiten, abschmecken und bis zum Servieren kalt stellen.

Die Spieße heiß mit dem Minzdressing , Kachumber und Chapatis servieren.

30–35 g Kichererbsenmehl (Besan)
2 Eier
1 Zwiebel, gehackt
1 Eiertomate, gehackt
1 großer grüner Chili, Samen entfernt, wenn gewünscht, und gehackt
1 EL gehacktes Koriandergrün
1/2 TL gemahlener Kreuzkümmel
1/4 TL gemahlene Kurkuma
1/2 TL Chilipulver
1 TL Zitronensaft
Salz nach Geschmack
2–3 EL Sonnenblumen- oder Rapsöl

Zum Servieren
scharf-süßes Chutney (z.B. Mangochutney) und Brot oder Chapatis (siehe Seite 183)
Rohrohrzucker zum Bestreuen (nach Belieben)
Limettensaft zum Beträufeln (nach Belieben)

BESAN NO PORO

OMELETT MIT KICHERERBSEN

Ergibt 2–3 Omeletts

Dieses einfache Masala-*Omelett wird aus Kichererbsenmehl (auch Besan genannt) und Eiern zubereitet. Statt mit Brot oder* Chapatis *kann man es auch mit einigen der Gemüsegerichte auf den Seiten 116–143 servieren. Oder man stapelt es mit dünnen Scheiben Gurke und Tomate wie ein Sandwich und schneidet es in Spalten. Wer keine Eier isst, lässt sie einfach weg.*

Das Kichererbsenmehl in eine tiefe Schüssel sieben und so viel Wasser unterrühren, dass ein glatter, pfannkuchenartiger Teig entsteht. Die Eier hineinschlagen und einarbeiten. Die restlichen Zutaten zugeben und sorgfältig unterrühren. Der Teig sollte die Konsistenz von dickflüssiger Sahne haben. Ist er zu dick, zerläuft er nicht in der Pfanne und das Omelett wird leicht pappig. Nötigenfalls noch einen Schuss Wasser zugeben. Den Teig würzen und abschmecken.

Eine beschichtete Pfanne mit dickem Boden erhitzen. Etwas Öl hineingeben und durch Neigen der Pfanne gleichmäßig verteilen. Den Teig noch einmal gut durchrühren, je nach Größe der Pfanne ein Drittel oder die Hälfte hineingeben und gleichmäßig in der Pfanne zerlaufen lassen.

Das Omelett bei mittlerer Hitze backen, bis es von unten goldbraun und oben gerade gestockt ist. Umdrehen und von der anderen Seite fertig backen.

Den restlichen Teig in gleicher Weise verarbeiten.

Die Omeletts heiß mit Mangochutney servieren oder mit Zucker bestreuen und mit Limettensaft beträufeln. Oder mit etwas Chutney bestreichen, aufrollen und hineinbeißen!

Für die Tomatensauce

2–3 EL Sonnenblumen- oder Rapsöl
2 x 2,5 cm Zimtstange
2 große getrocknete rote Chilis, in 3 oder 4 Stücke zerbrochen (Samen entfernt)
3–4 Gewürznelken (nach Belieben)
2 kleine Zwiebeln, fein gehackt
1 EL Ingwer-Knoblauch-Paste (siehe Seite 157)
4–5 Tomaten, gewürfelt (oder eine 400g-Dose gehackte Tomaten)
1 EL Malzessig (ersatzweise Weinessig)
1 EL Palm- oder Muscovado-Zucker
1/2 TL Tamarindenpaste (nach Belieben)
Salz nach Geschmack

Für die Fischküchlein

250 g weißfleischiges Fischfilet ohne Haut
1 großer grüner Chili, fein gehackt
2,5 cm frischer Ingwer, fein gehackt
6–8 Knoblauchzehen, fein gehackt
2 EL gehacktes Koriandergrün
3 Eier
2 Scheiben Weißbrot, kurz in Wasser eingeweicht und ausgedrückt
1 TL Salz oder nach Geschmack
1 EL Zitronensaft
100 g Mehl, Öl zum Braten

MACHCHI NA CUTLESS

FISCHKÜCHLEIN MIT TOMATENSAUCE

Für 4 Personen

Dies ist ein einfaches Rezept für Fischfrikadellen, wie sie viele parsische Mütter aus Resten zubereiten. Man muss sich also nicht allzu exakt daran halten – stimmen Sie es auf die Zutaten ab, die gerade zur Hand sind. Für ein authentisches Ergebnis lohnt es beim ersten Mal jedoch, nach Rezept vorzugehen, so bekommt man eine Vorstellung von den Eigenheiten der parsischen Küche, ihren bevorzugten Aromen, ihren Vorlieben und Abneigungen. Die Tomatensauce hält sich im Kühlschrank eine Weile. Sie lässt sich auch zu vielen anderen Gerichten servieren, beispielsweise zu Frikadellen, Gemüsebratlingen, Backfisch, Hähnchen oder zu Reisgerichten.

Für die Tomatensauce das Öl in einem Topf mit dickem Boden auf mittlerer Stufe erhitzen. Die Zimtstangen hineingeben und dunkelbraun anrösten. Chilis und Nelken hinzufügen, nach 20 Sekunden die Zwiebeln zugeben und 3–4 Minuten sanft anschwitzen, jedoch nicht bräunen. Die Ingwer-Knoblauch-Paste unterrühren und alles 1 weitere Minute anschwitzen.

Die Tomaten, den Essig, den Palm- oder Muscovado-Zucker und die Tamarindenpaste unterrühren und alles unter gelegentlichem Umrühren auf kleiner Flamme 15–20 Minuten köcheln, bis die Sauce eingedickt ist. Die Sauce mit Salz abschmecken und von der Kochstelle nehmen.

Für die Fischküchlein den Fisch durch den Fleischwolf drehen oder mit dem Mixstab nicht zu fein pürieren. Chili, Ingwer, Knoblauch, 1 Ei sowie das Weißbrot mit der Fischmasse vermischen. Das Ganze mit Salz und Zitronensaft abschmecken.

Eine tiefe Pfanne 5 mm hoch mit Öl füllen und erhitzen. Das Mehl in einer flachen Schale ausbreiten. Die restlichen Eier in einer weiteren Schale verschlagen.

Die Fischmasse zu Bällchen formen – größere für ein Hauptgericht, kleinere für Snacks – auf 1 cm flach drücken, in dem Mehl wenden, durch das Ei ziehen und sofort im heißen Öl portionsweise von jeder Seite 2–3 Minuten goldbraun braten und auf Küchenpapier abtropfen.

Werden die Fischküchlein heiß serviert, die Sauce vor dem Servieren erhitzen, Zimtstangen und Nelken herausnehmen und wegwerfen. Die Fischküchlein mit der Sauce servieren. Sie schmecken auch kalt als Sandwich in einem Brötchen.

250 g Poha (Reisflocken)
200 g Kartoffeln
2–3 EL Pflanzenöl
1/2 TL Senfsamen
1/2 TL Kreuzkümmelsamen
1 großzügige Prise Asant
2–3 Knoblauchzehen, fein gehackt
2,5 cm frischer Ingwer, geschält und fein gehackt
2 weiße Zwiebeln, fein gehackt
3–5 grüne Chilis, fein gehackt
10–12 Curryblätter, in schmale Streifen geschnitten
1/2 TL gemahlene Kurkuma
Salz nach Geschmack
150–200 g grüne Erbsen (TK nach Belieben)
Saft von 1 kleinen Limette (oder 1/2 große Limette)
1 TL extrafeiner Zucker
frisches Kokosmark von 1/2 Kokosnuss, geraspelt oder 2–3 EL getrocknete Kokosraspel, eingeweicht und abgetropft
Chilipulver nach Geschmack
3 EL gehacktes Koriandergrün

BATATA POHA

REISFLOCKEN MIT KARTOFFELN

Für 4 Personen

Poha*, eine Art Reisflocken, ist in ganz Indien sehr beliebt und wird auf jede erdenkliche Weise zubereitet. Ob für Süßigkeiten, Desserts, salzige Gerichte, Snacks oder ein schnelles Mittagessen, jede Volksgruppe hat ihre eigenen Spezialitäten.*

Dieses Rezept ist ideal für einen leichten Imbiss zur Mittagszeit geeignet, falls jemand unverhofft vor der Tür steht, oder auch als Beigabe zum Nachmittagstee. In Maharashtra heißt es Batata poha, *in Gujarat* Bataka aney poha bhaat *und im südindischen Tamil Nadu nennt man es* Aval uppuma. *Die Version aus Gujarat enthält eventuell etwas mehr Zucker und Limettensaft sowie Erdnüsse. In Südindien sind garantiert Senfsamen mit dabei, aber auch* Urad *(Urdbohnen) oder weiße Linsen und/oder* Chana Daal *(geschälte halbierte Kichererbsen). Dieser Snack gehört zu meinen absoluten Favoriten und garantiert Hochgenuss.*

Tipps

*In Maharashtra gibt man noch geröstete ungesalzene Erdnüsse hinzu. Für die Zubereitung im südindischen Stil (*Aval uppuma*) nach dem Anrösten der Senfsamen je einen Teelöffel* Urad Daal *und* Chana Daal *hinzufügen und wie beschrieben fortfahren. Zucker, Limettensaft und Erdnüsse weglassen – obwohl sich ein paar geröstete zerstoßene Cashewkerne sehr gut machen.*

Die Reisflocken gründlich waschen, gut ausdrücken und in einem Sieb abtropfen. Die Kartoffeln schälen und in 1 cm große Würfel schneiden.

Das Öl in einem Kadhai – einer großen, wokähnlichen Pfanne mit Deckel – oder in einer Schmorpfanne mit Deckel erhitzen. Sobald das Öl leicht flimmert, die Senfsamen hineingeben, die Kochstelle auf mittlere Stufe herunterschalten und das Kochgeschirr für einen Moment abdecken, bis das Knistern darunter abebbt.

Die Senfsaat mit dem Kreuzkümmel bestreuen und sobald dieser Farbe anzunehmen beginnt, Asant, Knoblauch, Ingwer, Zwiebeln, grünen Chili und die Curryblätter zugeben und die Mischung weiter anschwitzen, bis die Zwiebeln weich sind. Die Kurkuma unterrühren, die Kartoffeln zugeben, das Ganze nach Geschmack salzen und zugedeckt bei milder Hitze garen, bis die Kartoffeln knapp weich sind. Kein Wasser zugeben, die Kartoffeln garen im eigenen Dampf. Sobald die Kartoffeln gar sind, die Erbsen zugeben und kurz mitgaren.

Das Poha über das Gemüse streuen, Limettensaft, Zucker, Kokosraspel und Chilipulver dazugeben und alles weitergaren, bis die Reisflocken weich sind.

Die Hälfte des Koriandergrüns unter das Gericht rühren, die andere Hälfte darüberstreuen. Das Batata Poha heiß servieren.

KOZHI PATTICE À LA VICTORIA

VICTORIAS HÄHNCHENFRIKADELLEN IN KARTOFFELKRUSTE

Ergibt 8–10 Stück

Einfache Kartoffelküchlein, gefüllt mit gehacktem Hähnchenfleisch und Gewürzen, sind auf dem Speisezettel vieler Parsen und Christen eine feste Größe und auch in iranischen und goanischen Restaurants sehr beliebt. In den kleinen, im »alten« Teil Goas verstreuten Bars werden sie noch immer gern gegessen. Traditionell wurden sie aus Resten von Hähnchen-, Schweine-, Rind- oder Lammfleisch zubereitet. Victoria ist eine Köchin, die in dem Wohnhaus meiner Schwester für zwei Familien kocht. Wir lieben ihre Hähnchenfrikadellen. Hier ist das Rezept.

Die Kartoffeln schälen und in dicke Scheiben schneiden. Gründlich waschen und 1–2 Stunden oder über Nacht ins Wasser legen, dann abgießen und in frischem Wasser in 6–10 Minuten knapp weich kochen. Die Kartoffeln abgießen und die Restflüssigkeit bei schwacher Hitze unter Rühren mit einem Holzlöffel verdampfen lassen. Die Kartoffeln sorgfältig zerstampfen oder durch eine Kartoffelpresse drücken und beiseitestellen.

2 Esslöffel Öl in einer großen Pfanne auf mittlerer Stufe erhitzen und die Zwiebeln darin 3–4 Minuten anschwitzen. Ingwer, Knoblauch und die gemahlenen Gewürze dazugeben, 100 ml Wasser angießen, die Tomaten dazugeben und die Sauce kochen, bis sie stark eingedickt ist.

In einer zweiten Pfanne 2 Esslöffel Öl erhitzen und das Hähnchenfleisch darin bei mäßiger Hitze unter Rühren anbraten, bis es gebräunt und klumpenfrei ist. Bei etwas stärkerer Hitze weiter braten, bis das Fleisch durchgegart und die Mischung relativ trocken ist. Das Hähnchenfleisch zusammen mit den grünen Chilis, dem Koriandergrün und der Minze in die Sauce geben, unterrühren und das Ganze mit Salz und Pfeffer abschmecken.

Das Brot in etwas Wasser einweichen, gut ausdrücken und mit etwas Salz sorgfältig unter die Kartoffelmasse mengen. Die Masse zu 8–10 Bällchen formen. Jedes Kartoffelbällchen auf der Handfläche abflachen, eine Portion der Füllung in die Mitte setzen, vollständig in die Kartoffelmasse einschlagen und zu einer dicken Frikadelle formen.

Die Frikadellen im restlichen Öl von jeder Seite etwa 3 Minuten goldbraun braten. Die Parsen und die indischen Katholiken servieren dazu gern ein Joghurt-Minze-Dressing oder Ketchup.

2–3 festkochende Kartoffeln
6 EL Sonnenblumenöl
4 rote Zwiebeln, fein gehackt
5 cm frischer Ingwer, ganz fein gehackt
5–6 Knoblauchzehen, ganz fein gehackt
1 TL gemahlener Kreuzkümmel
$1\frac{1}{2}$ TL gemahlener Koriander
1 TL Chilipulver
$\frac{1}{2}$ TL gemahlene Kurkuma
1–2 Tomaten, gehackt
400 g durchgedrehtes Hähnchenfleisch
1–2 grüne Chilis, Samen nach Belieben entfernt, ganz fein gehackt
1 EL gehacktes Koriandergrün
10 Blättchen Minze, gehackt
Salz und Pfeffer
2 Scheiben Weißbrot, entrindet
Öl zum Braten
Salz nach Geschmack

Dazu passt

Joghurt-Minze-Dressing (siehe Seite 25)

400 g Perlsago
Mark von 1 kleinen Kokosnuss, geraspelt, oder 150 g getrocknete Kokosflocken
150–200 g rohe geschälte Erdnüsse
2–3 EL Ghee oder Rapsöl
2 TL Kreuzkümmelsamen
2 Schalotten, sehr fein gehackt
2 lange grüne Chilis
5 cm frischer Ingwer
15–20 frische Curryblätter, in feine Streifen geschnitten
1 große mehligkochende Kartoffel, gegart, geschält und gewürfelt
1 TL extrafeiner Zucker
Saft von $^{1}/_{2}$ Limette
Salz nach Geschmack
1 Handvoll gehacktes Koriandergrün

Dazu passt

Chapatis (siehe Seite 183) und Chutney oder Gurken-Raita

SABOODANA KHICHRI

PIKANTER SAGO-RISOTTO MIT ERDNÜSSEN

Für 4–6 Personen

Dieses Rezept ist Mr. Bharat Boda von JP Boda and Co. gewidmet, der leider bereits verstorben ist. Er war einer unserer ersten Gäste und bat mich oft, dieses Khichri *zuzubereiten. Ich habe seinem Wunsch nie entsprochen, weil ich es noch nie gemacht hatte und mir nicht zutraute. Nun ist es zu spät, es wieder gutzumachen, aber ich hoffe, dass zumindest Sie Ihre Freude an diesem nahrhaften, originellen und wirklich schmackhaften Gericht haben. Sago wird in Indien viel verwendet und in zahlreichen Formen angeboten.* Khichri, *eine Art Risotto, ist ein ursprünglich aus Maharashtra stammender indischer Klassiker. Wie man es zubereitet, habe ich bei einem Freund in Bombay gelernt – wo auch sonst. Ein Imbiss oder eine Mahlzeit für jede Tageszeit oder einfach ein kleines Extra, das die Stimmung hebt.*

Den Sago in einer Schüssel in nicht zu viel Wasser waschen und abgießen; diesen Vorgang mehrmals wiederholen, bis das Wasser klar bleibt. Den Sago anschließend nur eben mit kaltem Wasser bedecken und mindestens 3 Stunden oder über Nacht einweichen.

Getrocknete Kokosraspel 1 Stunde in 150 ml Wasser einweichen, bis sie aufgequollen sind und die Flüssigkeit vollständig aufgenommen haben.

Den Backofen auf 180 °C vorheizen. Die Erdnüsse auf einem Blech verteilen und etwa 15 Minuten im Ofen rösten, bis sie leicht gebräunt sind; ab und zu wenden. Den Ofen ausschalten und die Erdnüsse darin lassen, bis sie vollständig geröstet und knusprig sind. Die gerösteten Erdnüsse grob hacken.

Erdnüsse und Kokosraspel unter den Sago mengen. Ghee oder Öl in einem hohen Schmortopf erhitzen und den Kreuzkümmel 30 Sekunden darin anrösten, bis er aromatisch duftet, jedoch nicht verbrennen lassen. Schalotten, grüne Chilis und Ingwer dazugeben und in 3–4 Minuten glasig schwitzen. Die Curryblätter und die Sagomischung zu den Gewürzen geben und alles sorgfältig verrühren. Die Kartoffel hinzufügen und erneut gut umrühren. Den Khichri zugedeckt bei schwacher Hitze einige Minuten garen, bis er durch und durch heiß ist; ab und zu umrühren, dann mit Zucker, Limettensaft und Salz abschmecken.

Vor dem Servieren reichlich Koriandergrün unter den Khichri mengen, noch einmal abschmecken und mit Chapatis, Chutney oder Raita servieren.

THALI (थाली) (One Unlimited Sweet) (One Limited Sweet) ₹ 270/-
TIFFIN (टिफिन) ₹ 800/-
SUNDAY
(रविवार)
THALI (थाली) (Three Unlimited Sweet) ₹ 350/-
TIFFIN (टिफिन) ₹ 1200/-
SUNDAY EVENING CLOSED
रविवार शाम बंध
w.e.f. ~ 01/04/2012
देवीनी मेहेर हजो ||
आजनी वानगी
सलाड या श्रीखंड
गुलाबजामुन
पुरणपोली

LUSAN MURCHA NA CHARVAELA EEDA

TODIWALAS FAMILIENRÜHREI

Für 4 Personen

Wie die meisten Parsen isst unsere Familie leidenschaftlich gern Eier. Ich für meinen Teil könnte sie jeden Tag essen (besonders Zwerghuhneier kann ich wärmstens empfehlen). Doch statt wie andere Rührei in verschiedensten Variationen zuzubereiten, sind wir unserem geliebten Familienrezept treu geblieben. Wir servieren dazu unseren speziellen Granu-Toast, doch gewöhnlicher knuspriger Toast oder dick mit Butter bestrichene warme Brötchen erfüllen den Zweck ebenso. Bei der Zubereitung von Rührei ist Geduld gefragt. Halten Sie alles bereit, bevor Sie beginnen – inklusive der ungeduldig am Tisch wartenden Familie!

Die Eier in eine Schüssel schlagen. Die Sahne oder Milch zugeben, alles gründlich verquirlen, jedoch nicht schaumig schlagen und beiseitestellen.

Das Öl in einer beschichteten Pfanne mit dickem Boden erhitzen und den Knoblauch darin goldgelb anschwitzen. Sofort die Butter zugeben und unter Rühren zerlassen. Sie kühlt die Pfanne etwas herunter, damit der Knoblauch nicht zu kräftig bräunt.

Die grünen Chilis hinzufügen und bei mäßiger Hitze 1–2 weitere Minuten anschwitzen. Sobald die Mischung duftet, die Hitze reduzieren und die Eimasse in die Pfanne gießen. Mit einem Holz- oder Kunststoffspatel (kein Schneebesen) ganz behutsam, aber beständig von Rand zu Rand durch das Ei fahren. Das Ei hat die Tendenz, zuerst am Pfannenrand zu stocken, was die Konsistenz des Rühreis ruiniert, wenn man nicht ständig behutsam rührt. Langsam weiterrühren, bis die Masse allmählich dick und cremig wird und Klümpchen bildet. Darauf achten, dass die Masse nicht zu heiß wird, sonst stockt sie augenblicklich.

Wenn das Rührei richtig cremig und noch leicht flüssig, jedoch weder wässrig noch zu trocken ist, die Pfanne vom Herd nehmen und noch etwas weiterrühren.

Das Rührei mit Salz abschmecken, das gehackte Koriandergrün dazugeben und leicht unterziehen.

8–10 Eier (je nach Größe)
2 EL Sahne oder Vollmilch
1 EL Sonnenblumen- oder Rapsöl
3–4 Knoblauchzehen, ganz fein gehackt oder durchgepresst
30 g Butter
2–3 dünne grüne Chilis, ganz fein gehackt
Salz nach Geschmack
1 1/2 EL fein gehacktes Koriandergrün

Dazu passt

Warmer Toast und Butter

KHAMAN DHOKLA

GEDÄMPFTE KICHERERBSENKÜCHLEIN

Ergibt 24 Stück

Dies ist ein äußerst populärer Snack, der in Gujarat auch als Teil eines umfangreicheren Essens serviert wird. Für Extrageschmack sorgen in Öl geröstete Senfsamen und Curryblätter, die man über die gedämpften Küchlein verteilt. Zur Unterstützung der Teiggärung kann man zusätzlich einen Esslöffel Buttermilch untermengen. Manche verwenden für den Teig Kichererbsenmehl, doch dies ist die traditionelle Methode. Vielleicht brauchen Sie einige Versuche, bis die Küchlein perfekt gelingen, doch mit etwas Geduld und Erfahrung meistert jeder die indischer Küche.

Die Kichererbsen in einer Schüssel etwa 2,5 cm hoch mit Wasser bedecken. Mit einem sauberen Küchentuch zudecken und über Nacht einweichen. Nicht in den Kühlschrank stellen.

Die Mischung im Mixer oder in der Küchenmaschine nicht zu fein pürieren und in eine Schüssel umfüllen. Die Masse mit einem Holzlöffel oder einem Schneebesen in kreisenden Bewegung mehrere Minuten durchschlagen, dann 5–6 Stunden quellen lassen.

Inzwischen den Ingwer und die grünen Chilis im Mörser zermahlen. Wenn das Kichererbsenpüree ausreichend fermentiert ist (es geht ein wenig auf und riecht etwas vergoren), die Hälfte des Öls, etwas Salz, den Asant und die Ingwer-Chili-Mischung dazugeben und sorgfältig einarbeiten. Das Backnatron mit 2 Teelöffel Wasser verrühren und ebenfalls untermischen.

Eine 5 cm hohe Backform, die in einen Dämpfkorb passt, leicht einölen und die Masse etwa 2,5 cm hoch einfüllen. Den Kuchen 10–15 Minuten dämpfen, bis er luftig aufgegangen ist und beim Einstechen mit einem Messer kein Teig mehr haften bleibt.

Die Küchlein mit einem Messer vom Rand lösen, damit der Dampf entweichen kann, etwas abkühlen lassen und in der Form in Quadrate schneiden.

Das restliche Öl in einer Pfanne erhitzen und die Senfsamen hineingeben. Sobald sie knistern, die Curryblätter hinzufügen und alles kurz durchschwenken. Die Mischung gleichmäßig über die Küchlein verteilen, das Ganze mit Kokosraspeln bestreuen und mit Koriandergrün garnieren.

Die Küchlein mit Tamarinden-Dattel-Chutney oder Grünem Chutney servieren.

250 g geschälte halbierte Kichererbsen (Chana Daal), ersatzweise gelbe Spalterbsen
2,5 cm frischer Ingwer
2–3 grüne Chilis
50 ml Pflanzenöl
Salz nach Geschmack
1 Prise Asant
1/2 TL Backnatron
1/2 TL Schwarze Senfsamen
1 Zweig (10–12) frische Curryblätter, in Streifen geschnitten
150–300 g frisches Kokosmark, geraspelt, oder getrocknete Kokosraspel
1 EL gehacktes Koriandergrün

Dazu passt

Tamarinden-Dattel-Chutney oder Grünes Chutney (siehe Seite 215)

6 grüne Bananen oder Kochbananen
1 TL gemahlene Kurkuma
1 Prise Salz
3 mehligkochende Kartoffeln
$1^1/_2$ TL Koriandersamen
1 TL Kreuzkümmelsamen
2 Zwiebeln, ganz fein gehackt
4–6 Knoblauchzehen, ganz fein gehackt oder durchgepresst
2 grüne Chilis, fein gehackt
1 geh. EL frisch geriebener Ingwer
2 EL gehacktes Koriandergrün
Saft von 1 Limette
150 g Mehl
2–3 Eier, verschlagen
100 g Semmelbrösel
Öl zum Braten

Dazu passt

Tomatensauce (siehe Seite 29) oder ein Dip auf Mayonnaisebasis

KAERA NA CUTLESS
BANANENKOTELETTS

Für 4 Personen

Dies ist ein durch und durch parsisches Gericht, wenngleich es heute nicht mehr so oft zubereitet wird. Es sind ganz einfache, leckere Küchlein aus Bananen oder Kochbananen, ideal als Snack, Vorspeise oder Beilage zum Hauptgang.

Die Bananen mit der Schale in kochendem Wasser mit der Kurkuma und dem Salz 15–20 Minuten garen, bis sie weich sind; zur Garprobe mit einem Messer einstechen. Abgießen und vor dem Schälen ganz abkühlen lassen.

Die Kartoffeln ungeschält dämpfen oder kochen, bis sie gar sind. Gründlich abkühlen lassen und schälen.

In einer Pfanne die Koriander- und Kreuzkümmelsamen bei mittlerer Hitze ohne Fettzugabe etwa 30 Sekunden unter Rühren rösten, bis sie aromatisch duften und etwas Farbe angenommen haben, dann im Mörser grob zermahlen, aber darauf achten, dass keine ganzen Samen zurückbleiben.

Die Bananen mit den Kartoffeln zerstampfen. Die zerstoßenen Samen sowie Zwiebeln, Knoblauch, Chilis, Ingwer, Koriandergrün und Limettensaft zugeben und sorgfältig untermengen. Alles zu einem geschmeidigen, aber relativ trockenen Teig verkneten, abschmecken und, falls nötig, noch etwas nachwürzen.

Den Teig in der gewünschten Größe zunächst zu Bällchen rollen und dann zu länglichen oder runden »Koteletts« formen. Diese mit Mehl bestäuben, durch das verschlagene Ei ziehen und von allen Seiten mit den Semmelbröseln panieren.

In einer großen Pfanne oder einem Wok 5 mm hoch Öl einfüllen und erhitzen. Die Bananenkoteletts einlegen und in etwa 5 Minuten goldbraun und knusprig backen; zwischendurch einmal wenden. Mit Tomatensauce oder einem Mayonnaisedip servieren.

PAPETA PUR EEDU

KARTOFFELOMELETT MIT SETZEIERN

Für 4 Personen

Ein einfaches und dennoch erstaunlich wandelbares Eierrezept! Meine Mutter hat es mir beigebracht, doch bis zum heutigen Tage beherrscht es niemand besser als sie, mich selbst eingeschlossen! Es schmeckt schlicht göttlich.
Die Parsen lieben Eier, und bei jedem festlichen Anlass sind Eiergerichte ein Muss, wenn man seinen Gästen etwas bieten möchte.
Auch am guten, weichen Brot der traditionellen Art mit reichlich guter Butter führt für die Parsen kein Weg vorbei, wenn es Eier gibt. Wenn Sie hier nicht ins Schwärmen kommen, weiß ich auch nicht weiter!

Die Kartoffel schälen und in sehr dünne Scheiben schneiden, am besten auf einem Gemüsehobel, und in eine Schüssel mit kaltem Wasser legen, damit sie nicht braun werden. Beiseitestellen.

Das Öl in einer großen Pfanne erhitzen und den Kreuzkümmel bei mittlerer Hitze einige Sekunden rösten, bis er leicht Farbe angenommen hat. Den Chili und den Knoblauch hinzufügen, 1–2 Minuten anschwitzen und die Zwiebel zugeben. Noch einmal alles 2 Minuten anschwitzen, jedoch nicht bräunen. Inzwischen die Kartoffelscheiben abgießen und trockentupfen. Die Kartoffelscheiben in die Pfanne geben, mindestens 3–4 Minuten anbraten, leicht salzen und gleichmäßig in der Pfanne ausbreiten.

Den Pfanneninhalt nicht ganz mit Wasser bedecken, zum Kochen bringen und zugedeckt auf kleiner Flamme köcheln lassen, bis die Kartoffeln eben weich sind, jedoch nicht zerfallen.

Nach Belieben die Frühlingszwiebel über die Kartoffeln verteilen, das Koriandergrün einstreuen und behutsam unter die Kartoffeln heben. Das Ganze abschmecken und wieder gleichmäßig in der Pfanne ausbreiten. Darauf achten, dass der Pfannenrand sauber ist.

Etwa 4 cm vom Pfannenrand entfernt in möglichst gleichmäßigen Abständen 4 kleine Vertiefungen in die Kartoffeln drücken und je 1 Ei hineinschlagen. Den Deckel auflegen und die Eier bei ganz geringer Hitze wie gewünscht garen (ich bevorzuge das Eigelb weich). Das Kartoffelomelett in 4 Portionen mit je einem Ei darauf schneiden und mit Mangochutney und weichem Brot servieren.

1 große mehligkochende Kartoffel
2–3 EL Sonnenblumenöl
1 TL Kreuzkümmelsamen
1 kleiner grüner Chili, fein gehackt
2 Knoblauchzehen, fein gehackt
1 Zwiebel, in feine Streifen geschnitten
Salz nach Geschmack
1 kleine Frühlingszwiebel, in feine Scheibchen geschnitten (nach Belieben)
1 geh. EL fein gehacktes Koriandergrün
4 Eier

Dazu passt

Mangochutney und weiches Brot

DR.

FISCH UND MEERESFRÜCHTE

Indien ist mit endlosen Küsten gesegnet, in deren Gewässern ein erstaunlicher Fischreichtum herrscht. Die marine Vielfalt spiegelt sich in Tausenden Gerichten von Nord nach Süd und West nach Ost wider. Auch die vielen Flüsse auf dem Subkontinent tragen zu dem reichen Fischangebot bei. Vor allem im Norden und in Bengalen prägen Süßwasserfische die Küche.

Der beliebteste Fisch Bombays ist der Bommelo oder Bombil, scherzhaft auch Bombay Duck (Bombay-Ente) genannt. Die Stadt bietet eine beeindruckende Auswahl an Seafood, und immer mehr Restaurants spezialisieren sich auf die Fischküche, um aus der Fülle an erstklassigem Fisch, Riesengarnelen, Krabben, Langusten, Muscheln und Tintenfischen zu schöpfen.

Der regionale Stil wechselt rasch von Nord nach Süd und West nach Ost, von den einfachen, in Bananenblättern gebratenen oder gegrillten Zubereitungen Gujarats bis zu den kokoslastigen Gerichten in Maharashtra, Goa, Karnataka, Kerala und weiter die Ostküste entlang bis ins fischbegeisterte Bengalen – eine Welt ohne Fisch wäre das Ende. Nicht anders ist es in Goa, wo Fischcurrys mit Reis ein alltägliches Grundnahrungsmittel sind, ohne das die Welt wohl eine traurige wäre.

Meine Frau Pervin und ich hatten als Kinder das große Glück, unsere Väter auf den Fischmarkt begleiten zu dürfen, wenn auch am jeweils anderen Ende der Stadt. Mein Vater liebte es zu feilschen! Jeden Sonntagmorgen ging ich mit ihm zum Markt, um Fleisch, Geflügel, Fisch und Gemüse für die kommende Woche einzukaufen. Was ich dabei alles lernte, etwa wie man wirklich frischen Fisch von bloß aufgefrischtem unterscheidet, war unbezahlbar. Seither weiß ich Frische und Vielfalt erst richtig zu schätzen. Der Sonntag stand ganz im Zeichen der Schlemmerei, und am Nachmittag wurde das ganze Repertoire unserer Lieblingsgerichte zubereitet, nicht selten auch Fisch. Mein Schwiegervater wiederum war ein notorischer »Shopaholic«, der alles, was ihm gefiel, kaufte und sich jedes Mal nach seiner Rückkehr den Unmut seiner Frau einhandelte. Er musste alles Neue ausprobieren – zum Leidwesen der Familie, die am Ende den ganzen Fisch säubern und zubereiten durfte.

Bombays Fischmärkte sind faszinierende Orte. Bei den Koli-Fischern verkaufen traditionell nur die Frauen Fisch, für Männer ist es tabu, zumal sie im Volksglauben als unfähig in Sachen Geldverdienen gelten. So sind es die Frauen, die unter den neugierigen Blicken von Katzen und Krähen das Marktgeschehen beherrschen.

Ich hoffe, Sie haben Freude an diesen Rezepten und nehmen sie zum Anlass, das regionale Angebot an Fisch neu zu entdecken. Es sind die weniger gängigen und die nachhaltig befischten Arten, an die man sich halten sollte. Die einseitige Bevorzugung einiger weniger Fischarten hat andere in den Hintergrund gedrängt, was nicht nur aus kulinarischer Sicht ein Fehler ist, es gefährdet auch die Bestände der populären Arten. Probieren Sie öfter etwas noch Unbekanntes! Sie helfen damit vielen existenzbedrohten Fischern und unzähligen Familienbetrieben, die vom Fisch leben.

Für das Masala

5–6 rote Chilis (Kaschmir-Chilis sind am besten)
5–6 Knoblauchzehen
5 cm frischer Ingwer
5 cm Zimtstange
3 grüne Kardamomkapseln, gespalten
3–4 Gewürznelken
1 EL Koriandersamen
1 geh. TL Kreuzkümmelsamen
5–6 schwarze Pfefferkörner
250 ml Palm- oder Cidreessig

2 kleine Wolfsbarsche oder andere ganze Fische je 250 g
1 TL gemahlene Kurkuma
1 EL Limettensaft
1 TL Salz
2 EL Sonnenblumen- oder Rapsöl
8–10 Curryblätter (vorzugsweise frisch)
1 Zwiebel, fein gehackt
2 Tomaten, gehackt

Dazu passt

frittierte Kartoffelscheiben, gegrillte Tomatenscheiben und Salat

FISH RÉCHEÂDE

GEFÜLLTER FISCH AUF GOA-ART

Für 2 Personen

Récheâde *ist eine für Goa typische Zubereitungsart, die einst die Portugiesen ins Land gebracht haben –* recheado *bedeutet auf Portugiesisch: gefüllt. Wolfsbarsch und Brachsenmakrele sind die Favoriten für dieses Gericht, doch kleine Makrelen oder Meeräschen sind ebenso geeignet. Es gibt viele Spielarten von* Récheâde *und diese gelingt ganz besonders gut.*

Für das Masala Chilis, Knoblauch, Ingwer, Zimt, Kardamom, Nelken, Koriander, Kreuzkümmel, Pfefferkörner und Essig im Mixer zu einer glatten Paste verarbeiten.

Die Wolfsbarsche von Schuppen und Flossen befreien. Auch unter den Flossen befinden sich winzige Schuppen, die entfernt werden müssen (bei Makrelen entfällt das Schuppen).

Mit einem scharfen Messer den Fisch auf dem Rücken entlang der Mittelgräte vom Kopf bis zum Schwanz einschneiden. Den Schnitt behutsam tiefer führen und so nach und nach an einer Seite das Fleisch von der Gräte lösen, bis die Bauchhöhle erreicht ist, jedoch nicht ganz durchschneiden. Das Fleisch möglichst sauber und restlos von der Gräte lösen. Das geht am einfachsten, wenn man die Klinge leicht anwinkelt. Den Fisch umdrehen und den Vorgang auf der anderen Seite der Gräte wiederholen.

Die nun freiliegende Mittelgräte mit einer Küchenschere an Kopf und Schwanz abschneiden und heraustrennen. Die Innereien herauslösen, den Fisch gründlich ausspülen und mit Küchenpapier abtrocknen. Eventuelle verbliebene Gräten im Fleisch ertasten und mit einer Pinzette oder mit den Fingern herausziehen. Den anderen Fisch in gleicher Weise vorbereiten.

Kurkuma, Limettensaft und die Hälfte des Salzes verrühren und die Fische von innen mit der Mischung einreiben.

Die Hälfte des Öls in einer Pfanne erhitzen. Die Curryblätter und die Zwiebeln darin bei starker Hitze etwa 3 Minuten goldgelb anschwitzen. Das Masala zugeben und etwas Farbe nehmen lassen. Die Tomaten unterrühren, das Ganze einige Minuten kochen, abschmecken und etwas abkühlen lassen.

Die Fische mit der Masala-Tomaten-Mischung füllen und mit Küchengarn zubinden, damit die Füllung nicht austritt. In einer großen Pfanne das restliche Öl erhitzen und die Fische darin von jeder Seite 3–4 Minuten sanft braten, bis sie goldbraun und durchgegart sind.

3–4 EL Sonnenblumen- oder Rapsöl
4 kleine rote Zwiebeln, fein gehackt
6 Knoblauchzehen, zerstoßen
7,5–10 cm frischer Ingwer, fein gehackt oder gerieben
3 Brachsenmakrelen, gesäubert und in 2,5 cm dicke Steaks geschnitten oder filetiert (ersatzweise Wolfsbarsch-, Steinbutt- oder Heilbuttsteaks)
15–20 frische Curryblätter, in feine Streifen geschnitten
8 Kirschtomaten, halbiert
6 Eier
60 g feines Reismehl
90–120 ml Malz- oder Weinessig
85–115 g extrafeiner Zucker
1 Bund Koriandergrün, fein gehackt
3 Zweige Minze, abgezupft und gehackt
4 TL gemahlener Kreuzkümmel
4–5 mittelgroße grüne Chilis, fein gehackt
Salz nach Geschmack

Dazu passt

Chapatis (siehe Seite 183 oder 185) oder Khichdi (siehe Seite 200)

SAAS NI MACCHI

FISCH AUF PARSENART

Für 4–6 Personen

Saas bedeutet schlicht »Sauce«, allerdings bin ich mir nicht sicher, ob dies die parsische Antwort auf die Fisch-Velouté ist. Zumindest ist es eine Art Velouté, die allerdings mit Ei und Reismehl statt mit Mehl und Butter gebunden wird. Der Geschmack ist typisch parsisch und das Gericht geradezu ein Aushängeschild der parsischen Küche und ein Muss zu fast jedem besonderen Anlass.

Die Brachsenmakrele ist ein fleischiger, scheibenförmiger Fisch aus dem Arabischen Meer. An Indiens Westküste und in den Küstenregionen Pakistans ist er sehr geschätzt. Er kommt auch im Indischen Ozean vor, doch ist der Geschmack nicht ganz derselbe. Für dieses Rezept lässt sich jede Art von weißfleischigem Fisch verwenden, Wolfsbarsch, Steinbutt, Heilbutt, ja sogar Seelachs. Noch besser ist ein Fisch, der sich samt Mittelgräte in Steaks schneiden lässt, sodass man ihn direkt in der Sauce garen kann. Kabeljaukoteletts wären zum Beispiel eine Option.

Das Öl in einem Schmortopf erhitzen, Zwiebeln, Knoblauch und Ingwer darin anschwitzen und etwas Farbe annehmen lassen. Den Fisch zusammen mit den Curryblättern dazugeben und von jeder Seite 1 Minute anbraten.

Die Tomaten zum Fisch geben, das Ganze mit 1 Liter Wasser ablöschen, aufkochen und bei schwacher Hitze einige Minuten leise köcheln lassen, bis der Fisch auf den Punkt gar ist (Steaks benötigen etwas länger als Filet). Den Fisch mit einem Pfannenwender herausheben und warm stellen.

Die Brühe durch ein Sieb passieren, zurück in den Topf gießen und wieder erhitzen. Die Eier mit dem Reismehl, dem Essig, dem Zucker, dem Koriander und der Minze glatt schlagen. Die heiße Brühe unter die Eiermasse schlagen und alles zurück in den Topf gießen. Langsam erhitzen und dabei behutsam, aber ständig mit dem Schneebesen umrühren, bis die Sauce sämig eindickt – auf keinen Fall aufkochen –, damit die Sauce gleichmäßig bindet und das Ei nicht gerinnt.

Den Kreuzkümmel und anschließend die grünen Chilis in die Sauce geben und diese mit Salz abschmecken. Der Geschmack soll ausgewogen süß-sauer und leicht scharf sein.

Fischsteaks wieder in die Sauce geben und darin behutsam erhitzen, Filets einfach mit der heißen Sauce übergießen und sofort servieren.

MASALA MA TARAELI MACHCHI

BACKFISCH AUF PARSENART

Für 4 Personen

Dies ist ein klassisch parsischer Fisch, mariniert in einem einfachen Masala und in der Pfanne gebraten. Ich serviere dazu gern meinen ewigen Favoriten Dhan daar nay vaghar, *gegarte pürierte Linsen, die mit Knoblauch und Kreuzkümmel in Öl geröstet und mit knusprig frittierten Zwiebelringen und Reis serviert werden. Brachsenmakrele ist der Lieblingsfisch der Inder, aber Wolfsbarsch, Scholle, Tilapia oder auch Seelachs sind gute Alternativen. Die marinierten Filets werden in Mehl gewendet, in verschlagenes Ei getaucht, anschließend mit Grieß oder mit grobem Reismehl paniert und goldbraun und knusprig frittiert.*

Die Fischfilets mit Salz und Kurkuma einreiben und 30 Minuten marinieren lassen.

Die restlichen Zutaten, außer dem Öl, zu einer Paste verrühren und würzig abschmecken. Den Fisch mit der Paste bestreichen und zugedeckt einige Stunden oder über Nacht im Kühlschrank marinieren. (Das Marinieren ist auch eine Art Garprozess, sodass der Fisch später in der Pfanne weniger lange braucht.)

In einer großen Pfanne reichlich Öl auf mittlerer Stufe erhitzen. Die Fischfilets leicht salzen, mit Reismehl bestäuben, ins heiße Öl einlegen und behutsam braten, bis sie von unten gut gebräunt sind. Vorsichtig umdrehen und von der anderen Seite fertig braten. Nicht zu heiß braten, da das Masala leicht verbrennt. Der Fisch sollte am Ende von außen appetitlich knusprig, innen jedoch noch zart und saftig sein.

Den Fisch auf Küchenpapier abtropfen lassen und mit Tomaten, Limettenspalten und Bratkartoffeln servieren.

8 weißfleischige Fischfilets von etwa 10 cm Länge
Salz nach Geschmack
$^1/_4$ TL gemahlene Kurkuma
1 EL Limetten- oder Zitronensaft
1 TL mittelscharfes Chilipulver
1 TL gemahlener Kreuzkümmel
$1^1/_2$ TL gemahlener Koriander
1 TL Ingwer-Knoblauch-Paste (siehe Seite 157)
etwas Reismehl zum Bestäuben
Pflanzenöl zum Braten

Zum Servieren

Tomaten, Limettenspalten und Bratkartoffeln

Für das Masala
100 g dicke rote Chilis
1 EL Koriandersamen
1½ TL Kreuzkümmelsamen
6–8 Knoblauchzehen
4 cm frischer Ingwer
½ TL gemahlene Kurkuma
Mark von 1 mittelgroßen Kokosnuss, geraspelt, oder 200 g getrocknete Kokosraspel

Für das Curry
50 g Tamarindenmark
500 g fester, weißfleischiger Fisch, filetiert und in große Stücke geschnitten (wir verwenden Brachsenmakrele; Seelachs, Kabeljau und Tilapia sind ebenso geeignet)
Salz nach Geschmack
1 Prise gemahlene Kurkuma
etwa 75 ml Sonnenblumen- oder Rapsöl
1 Zwiebel, halbiert und in feine Streifen geschnitten
2,5 cm frischer Ingwer, gerieben
2 grüne Chilis, in feine Streifen geschnitten
300 ml Fischfond oder Hühnerbrühe
2–3 Mangostanen oder 1 EL Limettensaft

Dazu passt
Curryreis und Kachumber
(siehe Seite 93)

XIT ANI NISHTYA CHI KODI

FISCHCURRY AUF GOA-ART

Für 4 Personen

Goa ist gleichbedeutend mit Fischcurry. Es ist vom täglichen Speisezettel der Menschen dort nicht wegzudenken, und die meisten Goaner würden ohne ihr Fischcurry gar nicht leben wollen. Anstelle von weißfleischigem Fisch kann man auch Krabben- oder Hummerfleisch, geschälte Garnelen, Miesmuscheln und sogar Austern verwenden. Für eine vegetarische Version kommen Blumenkohl, Tomaten und vorgegarte kleine Kartoffeln infrage (in der Sauce kochen, bis sie weich sind). Für dunkles Fleisch ist das Rezept nicht geeignet, mit Hähnchen funktioniert es dagegen wunderbar: Das Fleisch zunächst etwa 5 Minuten braten, bis es gebräunt und fast durchgegart ist und anschließend in der Sauce fertig garen.

Für das Masala sämtliche Zutaten mit etwas Wasser im Mixer oder in der Küchenmaschine zu einer dicken, glatten Paste verarbeiten. Das Wasser nach und nach zugeben, damit das Masala nicht zu flüssig wird. Bei getrockneten Kokosraspeln mehr Wasser zugeben als bei frischem Kokosmark. Die Paste nach Belieben durch ein Sieb streichen, wenn sie sehr glatt sein soll.

Das Tamarindenmark in 100 ml heißem Wasser 1 Stunde einweichen. Alles mit den Händen gründlich durchmischen und durch ein Sieb in eine Schüssel streichen.

Den Fisch abspülen, mit Küchenpapier abtrocknen, leicht salzen und mit Kurkuma bestreuen. Das Öl in einer Schmorpfanne erhitzen. Zwiebeln, Ingwer und grüne Chilis hineingeben und 3 Minuten anschwitzen. Die Masala-Paste hinzufügen und kurz mitbraten. Dabei regelmäßig umrühren, damit sie nicht anbrennt. Mit dem Fond oder der Brühe ablöschen und alles zum Kochen bringen. Die Hitze reduzieren, das Tamarindenmark und die Mangostanen oder den Limettensaft dazugeben. Die Sauce 5 Minuten köcheln lassen und abschmecken. Sie sollte leicht sämig sein. Nötigenfalls noch etwas einkochen.

Den Fisch in die Sauce legen und bei mittlerer Hitze etwa 5 Minuten ziehen lassen, dann kurz aufkochen und von der Kochstelle nehmen. Zudecken und weitere 5 Minuten ziehen lassen, bis der Fisch auf den Punkt gar ist. Mit Curryreis und Kachumber servieren.

KOLMI NO PATIO

GARNELEN IN SÜSSSCHARFER SAUCE

Für 4 Personen

*Dies ist eine vereinfachte Version des traditionellen parsischen Garnelen-*Patio*, das gewöhnlich als eine Art Pickles zu meinem Lieblingslinsengericht* Dhaan daar *(Linsenpüree, mit Knoblauch und Kreuzkümmel in Öl geröstet und mit frittierten Zwiebelringen garniert) serviert wird. Man kann es aber auch als eigenständiges Gericht mit frisch gebackenen* Chapatis *(siehe Seite 183 oder 185) genießen.* Patio *ist ein traditionelles Gericht, das in dieser Version heute nur noch selten zu finden ist. Die meisten Restaurants kennen das klassische Rezept gar nicht mehr und servieren irgendetwas Grellrotes, das alles andere als authentisch ist.*

Die über den Rücken verlaufenden schwarzen Därme der Garnelen entfernen und wegwerfen. Die Garnelen waschen, in Zitronensaft und Kurkuma wenden und beiseitestellen.

In einer Schmorpfanne 2–3 Esslöffel des Öls erhitzen. Die Curryblätter und die Aubergine darin kräftig bräunen, mit einer Schaumkelle herausheben und beiseitestellen.

Einen weiteren Esslöffel Öl zugeben und nun das Kürbisfleisch anbraten, bis es leicht gebräunt ist. Herausnehmen, weiteres Öl zugeben, die Zwiebeln goldbraun anbraten und anschließend den grünen Chili sowie Chilipulver, Koriander, Kreuzkümmel und die Ingwer-Knoblauch-Paste unterrühren.

Die Mischung bei schwacher bis mäßiger Hitze weitere 2–3 Minuten anschwitzen, dann die gehackten Tomaten untermengen, unter Rühren 2–3 Minuten garen, dann das Tamarindenmark sowie den Zucker zugeben und unter Rühren vollständig auflösen. Die Aubergine und das Kürbisfleisch untermengen und abschmecken. Das Patio sollte leicht scharf, süß und sauer sein.

Zuletzt die Garnelen zum Gemüse geben und 2–3 Minuten darin garen, bis sie sich rosa verfärbt haben. Wenn Sie das Patio als Pickles lagern wollen, noch etwas mehr Öl hineingeben und die Garnelen ein wenig länger garen, bis ihr Saft verkocht ist und die Masse an ein dickes Pickles erinnert. Das Gericht mit gehacktem Koriander bestreuen und nach Belieben mit 1 Prise Salz abrunden. Mit Chapatis oder heißem Daal und Reis servieren.

500 g rohe geschälte Garnelen
Saft von 1/2 Zitrone
1 TL gemahlene Kurkuma
4–6 EL Sonnenblumen- oder Rapsöl
10–12 Curryblätter, vorzugsweise frisch
1 Aubergine, gewürfelt
150–200 g »Red-Kuri«-Kürbis (oder ein anderer Winterkürbis), gewürfelt
2 Zwiebeln, fein gehackt
1 grüner Chili, von Samen befreit und gehackt
1 geh. TL Chilipulver
1 EL gemahlener Koriander
1 geh. EL gemahlener Kreuzkümmel
2 EL Ingwer-Knoblauch-Paste (siehe Seite 157)
2 große Tomaten, gehackt
2–3 EL frisches Tamarindenmark oder 1 EL Tamarindenpaste
100 g Muscovado-Zucker

Zum Servieren

2 EL gehacktes Koriandergrün
Chapatis (siehe Seite 183 oder 185) oder Basmatireis (siehe Seite 195) oder Daal (siehe Seite 133)

3 ganze Brachsenmakrelen, ersatzweise Scholle, ein anderer fleischiger Plattfisch oder Wolfsbarsch, durch die Gräte in 2,5 cm dicke Steaks geschnitten
Salz nach Geschmack
1/2 TL gemahlene Kurkuma
Bananenblätter nach Bedarf
etwas Malz- oder Weinessig zum Dämpfen

Für das Chutney

Mark von 1 Kokosnuss, geraspelt, oder 200 g getrocknete Kokosflocken
1 großes Bund Koriandergrün
4–5 grüne Chilis
6–8 Knoblauchzehen
1 geh. TL Kreuzkümmelsamen
1 EL extrafeiner Zucker
Saft von 1 großen Limette oder kleinen Zitrone
1 großes Bund Minze

PATRANI MACCHI

IM BANANENBLATT GEDÄMPFTER FISCH

Für 4–6 Personen

Dieses typisch parsische Fischgericht ist auf Hochzeiten und zu anderen festlichen Anlässen sehr beliebt. Bananenblätter findet man in gut sortierten Asia-Läden. Alternativ kann man sich mit eingeölter Alufolie oder extrastarkem Pergamentpapier behelfen. Sie können mit dem Chutney auch Filets oder ganze Fische zum Grillen bestreichen. Verwenden Sie die großen, frischen Kräutersträuße, die es im Asia-Markt gibt, nicht die mickrigen Beutel aus dem Supermarkt.

Die Fischsteaks mit etwas Salz und Kurkuma einreiben und rund 30 Minuten marinieren.

Für das Chutney die getrockneten Kokosflocken mit 150 ml Wasser verrühren und 1 Stunde einweichen, bis sie sämtliche Flüssigkeit absorbiert haben. Das Kokosmark mit sämtlichen anderen Zutaten für das Chutney im Mixer zu einer dicken Paste verarbeiten. Bei Bedarf noch etwas Wasser zugeben. Die Masse darf aber nicht zu flüssig sein.

Den Fisch von beiden Seiten mit dem Kokos-Chutney bestreichen. Die Bananenblätter von den Stielen befreien und die Ränder abschneiden. Die Blätter in Quadrate schneiden, die groß genug sind, um je 1 Fischsteak darin einzuschlagen. Sie müssen leicht erwärmt werden, damit sie geschmeidig und formbar sind. Dazu hält man die Blätter kurz über die heiße Herdflamme oder Kochplatte, bis sie sich verfärben und weich werden. Alternativ die Blätter kurz in einer heißen Pfanne von jeder Seite ein, zwei Sekunden erhitzen.

Die Fischsteaks in die Bananenblätter einschlagen, mit Küchengarn verschnüren oder fest einwickeln und mit dem Saum nach unten legen, damit das Chutney nicht austritt.

Die Pakete in einen Dämpfkorb legen, auf einen Topf mit kochendem Wasser setzen, mit ein wenig Essig beträufeln und zugedeckt 20 Minuten dämpfen, bis der Fisch gar ist. Oder den Ofen auf 190 °C vorheizen, die Fischpakete in eine ofenfeste Form legen, mit etwas Essig und Wasser beträufeln und 20 Minuten backen. Den Fisch in den Bananenblättern servieren. Das Küchengarn vor dem Servieren entfernen.

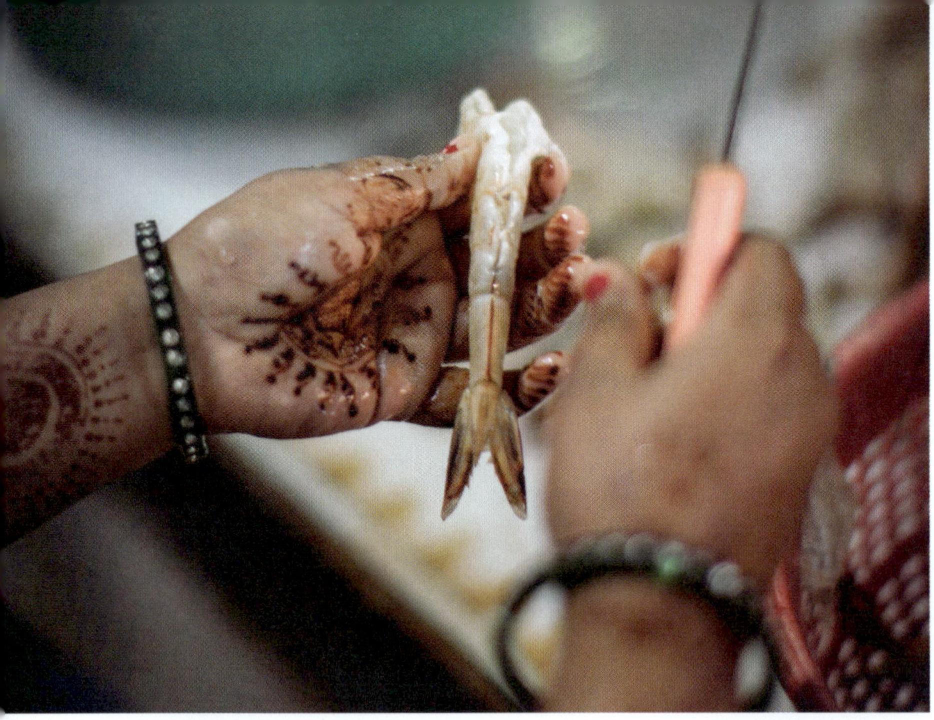

BADA JHINGA CHUTT PUTTA

SCHARFE RIESENGARNELEN

Für 4 Personen

Ein köstlich scharfes Masala, *ideal für Riesengarnelen, Hummer, Krabben und dergleichen zum Grillen über Holzkohle, in einem Tandoor oder unter dem Elektrogrill.*

Manche trennen die Köpfe der Garnelen lieber ab, dabei lassen sie sich gut mitgaren, schmecken ausgezeichnet und verhindern, dass die Schwänze beim Garen übermäßig schrumpfen. Die Garnelen mit einem kleinen, scharfen Messer den gesamten Rücken entlang tief einschneiden, jedoch nicht ganz durchschneiden, und aufklappen. Den langen, schwarzen Darm herausziehen.

Die Garnelen waschen und mit Küchenpapier abtrocknen. Die Kurkuma mit dem Limettensaft verrühren und die Garnelen mit der Mischung einreiben.

Die Chilis von den Stielen befreien und mit den restlichen Zutaten für die Marinade im Mixer oder in der Küchenmaschine zu einer feinen Paste verarbeiten. Die Marinade scharf-säuerlich abschmecken.

Die Garnelen gleichmäßig mit der Marinade überziehen und zugedeckt im Kühlschrank einige Stunden ziehen lassen.

Die Garnelen auf den Grill legen und von einer Seite einige Minuten bräunen, dann umdrehen und von der anderen Seite grillen, bis sie leuchtend orange sind. Bei der richtigen Hitze sollten sie nicht länger als 5–6 Minuten benötigen.

Die fertig gegarten Garnelen schälen und genießen.

12–16 Riesengarnelen
1 TL gemahlene Kurkuma
$1\frac{1}{2}$ EL Limettensaft

Für die Marinade
8–10 große rote Chilis
$1\frac{1}{2}$ EL Limettensaft
8–10 Knoblauchzehen
5 cm frischer Ingwer
1 TL Kreuzkümmelsamen
1 geh. TL Koriandersamen
12–15 schwarze Pfefferkörner
2 EL frisches Tamarindenmark (siehe Seite 59)
Salz nach Geschmack
2 EL Sonnenblumen- oder Rapsöl

FLEISCH UND GEFLÜGEL

Über das Verhältnis der Inder zum Fleisch gibt es eine Reihe von ebenso hartnäckigen wie falschen Vorurteilen. »Ihr Inder esst kein Hirschwild!« Und ob, und das seit Jahrhunderten. Auch die Hindus sind keineswegs alle Vegetarier. Der Legende nach wurden der Gott Rama, sein Halbruder Lakshmana und seine Gattin Sita für einige Jahre in den Wald verbannt. Dort jagte Lakshmana, der beste Bogenschütze seiner Zeit, jeden Tag Hirsche und Rehe, um zu überleben. Das sagt doch alles!

»Inder essen kein Schweinefleisch«, hört man oft. Doch es leben viele verschiedene Volksgruppen in unserem Land und einige, etwa die Assamesen und die Christen, betrachten das Schwein als ganz normalen Fleischlieferanten. Dabei sind die Assamesen Hindus. Interessant ist auch, dass Vasco da Gama beschloss, sich in Goa niederzulassen, nicht in Kerala, wo er zuerst landete, da die Hindus in Goa auf ihren Festen Schweinefleisch aßen. Bis vor einigen Jahrhunderten war das dort auch noch völlig normal, und es hat sich erst in jüngerer Zeit geändert.

»Inder essen kein Rindfleisch.« Das ist ebenfalls falsch! Wir essen auch Rindfleisch, obwohl Kühe heilig sind und nicht geschlachtet werden dürfen. Man sieht immer wieder einzelne herrenlose Kühe in den Städten und Dörfern, die von ihren Besitzern sich selbst überlassen werden, weil sie es sich nicht mehr leisten können, die alten Tiere zu füttern und das Schlachten verboten ist. Stiere dürfen hingegen geschlachtet werden, desgleichen Wasserbüffel, die ebenfalls als Rindfleisch verkauft werden.

»Wild sucht man auf einer indischen Speisekarte vergebens.« Auch dieses Vorurteil ist falsch. In ländlichen Gegenden wurde und wird Wild sogar verbreitet gegessen. Ich hatte das Privileg, in einer Familie aufzuwachsen, in der es in der Saison oft Rebhuhn, Raufußhuhn, Antilope, Nilgauantilope, Wildschwein, Gans und Ente gab. Auch in meinen Restaurants biete ich dergleichen Fleisch an.

»Die Inder würden niemals Lamm oder Ziege essen.« Beide Tiere werden im indischen Sprachgebrauch als »Mutton« (also eigentlich Hammel) bezeichnet, und zwar unabhängig von Alter und Geschlecht. Überwiegend wird Ziege gegessen, doch auch Schafe werden gezüchtet. Diese heißen auf Hindi *Bhaed*, doch wird ihr Fleisch im Handel nur selten so gekennzeichnet.

Geflügel gibt es natürlich auch, und das beliebteste von allen ist das Hähnchen. Ente ist in Kerala und einigen anderen Landesteilen populär. Während der Wanderung der Vögel sind im ganzen Land Jäger auf den Feldern unterwegs, um Gänse und Enten zu schießen. Hühner werden im großen Stil gezüchtet, und die Zeiten, da man hauptsächlich Freilandhühner aus artgerechter Haltung konsumierte, sind auch in Indien vorbei.

Man sollte bei Fleisch niemals an der Qualität sparen und sich immer erkundigen, woher es stammt und unter welchen Bedingungen die Tiere gehalten wurden. Der Tierschutz hat oberste Priorität, darum ist das Beste gerade gut genug. Das wiederum sind zwar nicht immer, aber sehr oft die Produkte aus regionaler Herkunft.

POUSSINS PERI-PERI

SCHARFES STUBENKÜKEN AUF GOA-ART

Für 4 Personen

Hähnchen Peri-Peri *aus Goa ist nach dem* Piri-Piri *oder* Bird's-eye-Chili *benannt, den die Portugiesen aus Südamerika nach Goa mitbrachten. Sie pflanzten ihn auch in Mosambik und Angola an, und heute gedeiht er in vielen Teilen Afrikas. Die Goaner änderten allerdings den Stil des Originalrezepts für Hähnchen* Peri-Peri, *das in einer einfachen Würzpaste aus zerkrümelten roten Chilis, Limettensaft und viel Knoblauch gegart wurde. Die traditionelle Zubereitung der indischen* Peri-Peri-*Paste ist sehr zeitaufwendig, darum hier ein vereinfachtes Rezept, das für einen Goaner zwar absolut tabu wäre, aber bestens funktioniert.*

Der gleiche Chili bildet auch die Basis für das berühmte Schweinefleisch Vindaloo *aus Goa, das aus einem in Wein geschmorten portugiesischen Fleischgericht hervorgegangen ist. Den Wein ersetzte man durch Essig, und dann kamen noch die Gewürze hinzu, darunter scharfe Chilis.*

Die Stubenküken von innen und außen waschen und mit Küchenpapier abtupfen. Die Brüste auf beiden Seiten des Brustbeins drei- oder viermal einschneiden, sodass die Einschnitte ein V bilden. Auch die Keulen einige Male einschneiden. Kurkuma und Limettensaft verrühren und die Stubenküken damit einreiben. Das Geflügel etwa 1 Stunde kalt stellen.

Inzwischen sämtliche Zutaten für das Masala zu einer Paste verrühren und abschmecken. Erscheint sie zu mild, weiteres Chilipulver dazugeben.

Die Stubenküken rundherum gründlich mit dem Masala einreiben und im Kühlschrank mindestens 2 Stunden oder möglichst aber über Nacht marinieren.

Eine große, ofenfeste Pfanne leicht einölen und mit den Tomatenscheiben auslegen. Diese mit weiterem Olivenöl beträufeln, großzügig mit Salz und Pfeffer würzen und beiseitestellen.

Den Ofen auf 180 °C vorheizen. Die Stubenküken mit der Brust nach oben in einen Bräter legen. Falls sie sich zur Seite neigen, die Vögel an den Keulen fest nach unten drücken, bis sie gerade sitzen, und im heißen Ofen 30 Minuten braten. Nach 10 Minuten die Temperatur auf 150 °C reduzieren.

Inzwischen die Zwiebel und Kartoffeln schälen. Die Zwiebeln in dünne, die Kartoffeln in dicke Scheiben schneiden. Nach Ablauf der 30 Minuten Zwiebeln und Kartoffeln zu den Stubenküken geben, gleichmäßig im Bräter verteilen und das Ganze weiterbraten.

Nach weiteren etwa 10 Minuten die Pfanne mit den Tomaten bei starker Hitze auf den Herd stellen und die Tomaten von unten bräunen. Nicht umdrehen, sondern nur leicht anheben, um zu sehen, ob sie Farbe annehmen. Die Pfanne in den oberen Teil des Ofens einschieben. Die Stubenküken mit der Brustseite nach unten drehen und weiterbraten. Wenn die Kartoffeln knapp gar sind, den Ofen ausschalten und alles noch gut 10 Minuten darin ziehen lassen.

Die Stubenküken herausnehmen und in zwei Hälften schneiden. Zwiebeln und Kartoffeln durchmischen und auf einer separaten Platte anrichten. Die Stubenküken mit den Kartoffeln und Zwiebeln, der Tomatenpfanne, einem gemischten Salat und knusprigem Brot servieren.

Für das Geflügel

2 große küchenfertige Stubenküken oder junge Hähnchen
1 TL gemahlene Kurkuma
Saft von 1 Limette

Für das Masala

$1^1/_2$ geh. EL Chilipulver
1–2 EL Ingwer-Knoblauch-Paste (siehe Seite 157)
1 TL Garam Masala
1 TL gemahlener Kreuzkümmel
2 TL gemahlener Koriander
2 EL Cidreessig
1 TL Salz
3 EL Olivenöl

2 große Fleischtomaten, in 1 cm dicke Scheiben geschnitten
etwas Olivenöl
Salz und Pfeffer aus der Mühle
2 rote Zwiebeln
3 Kartoffeln

Dazu passt

gemischter Salat mit Joghurtdressing und Brot

1 TL Kreuzkümmelsamen
1 EL Koriandersamen
2 dünne grüne Chilis, grob gehackt
5–6 Knoblauchzehen
5 cm frischer Ingwer, grob gehackt
2 EL Rapsöl
7,5 cm Zimtstange
3–4 grüne Kardamomkapseln, gespalten
3–4 Gewürznelken
2–3 getrocknete rote Chilis
2 Zwiebeln, fein gehackt
$^1/_2$ TL gemahlene Kurkuma
1 TL Chilipulver
500 g mageres Lammhack
2–3 Tomaten, gehackt
Meersalz und frisch gemahlener schwarzer Pfeffer
2 EL gehacktes Koriandergrün
1 Zweig Minze, abgezupft, Blätter in feine Streifen geschnitten
3–4 festkochende Kartoffeln, gegart und gewürfelt (nach Belieben)
4 Eier

Dazu passt

Chapati (siehe Seite 183 oder 185)

KHEEMA PUR EEDU

PIKANTES HACKFLEISCH MIT EI

Für 4 Personen

Mit der richtigen Gewürzmischung lässt sich jede Art von Hackfleisch in eine aromatische und äußerst vielseitige Mahlzeit verwandeln, die man auf vielfältige Weise servieren kann. Hier haben wir es mit einem einfachen Gericht aus Lammhack im parsischen Stil zu tun, das mit Spiegelei serviert, mit verschlagenem Ei verrührt oder mit Setzeiern im Ofen gebacken werden kann. Oder man reicht dazu die bei Parsen beliebten knusprigen Strohkartoffeln, Sali *genannt. Sie können auch fertig gekaufte Kartoffelsticks verwenden, die Sie kurz im Ofen erhitzen.*

Kreuzkümmel und Koriander in einer Pfanne etwa 30 Sekunden behutsam rösten, bis sie leicht Farbe angenommen haben und aromatisch duften. Mit den grünen Chilis sowie dem Knoblauch und dem Ingwer in 250 ml heißem Wasser einweichen. Sobald die Samen aufgequollen sind, die Mischung im Mixer oder in der Küchenmaschine zu einer glatten Paste pürieren.

Das Öl in einem Schmortopf erhitzen. Zimt, Kardamom, Nelken und die roten Chilis bei mittlerer Hitze anrösten, bis die Nelken etwas aufgequollen sind. Die Zwiebeln dazugeben und etwa 5 Minuten bräunen, dann die Würzpaste, die Kurkuma und das Chilipulver hinzufügen und weiter unter Rühren Farbe nehmen lassen, bis sich das Öl absetzt.

Die Gewürzmischung von der Kochstelle nehmen und kurz abkühlen lassen. Das Hackfleisch dazugeben und kräftig unterrühren, bis keine Klümpchen mehr vorhanden sind. Noch etwas Wasser angießen, um die Mischung etwas aufzulockern. Die Hackfleischmischung unter Rühren erhitzen und kochen, bis das Fleisch gar ist, dann die Tomaten dazugeben und das Ganze weiter köcheln lassen, bis ein Großteil der Flüssigkeit verdampft, die Mischung aber noch sämig ist. Zuletzt mit Salz und Pfeffer sowie Koriandergrün und Minze abschmecken. Bei Zubereitung auf parsische Art jetzt die Kartoffeln dazugeben. Zimtstange, Kardamomkapseln und Nelken entfernen.

Den Ofen auf 120 °C vorheizen. Die Hackmasse in einer Auflaufform verteilen, in regelmäßigen Abständen 4 Vertiefungen in die Hackmasse drücken und je 1 Ei hineinschlagen. Die Form mit Alufolie zudecken, in einen großen Bräter stellen, diesen bis zur halben Höhe mit kochendem Wasser füllen, in den Ofen schieben und das Ganze etwa 20 Minuten im Wasserbad garen, bis die Eigelbe cremig sind und das Eiweiß gestockt, aber noch etwas weich ist. Sofort mit warmen Chapatis servieren.

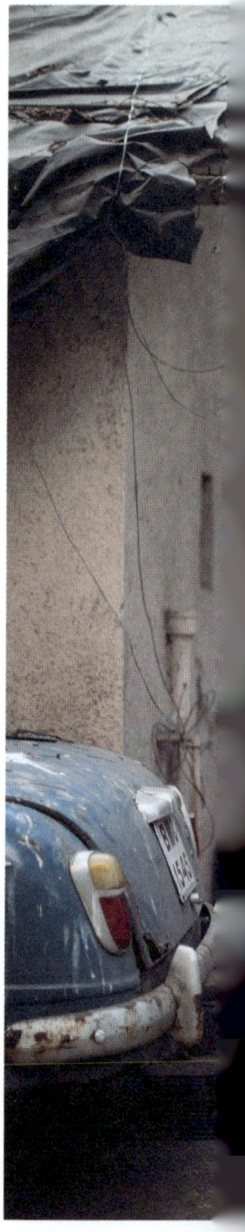

CHICKEN KEBAB. Rs 160/-DZ.
MUTTON KEBAB Rs 160/-DZ.

Für das Masala

6–8 getrocknete rote Chilis

$1^1/_2$ TL Kreuzkümmelsamen

$1^1/_2$ EL Koriandersamen

2,5 cm Zimtstange

4–5 grüne Kardamomkapseln, aufgebrochen

4–5 Gewürznelken

Für das Huhn

200 g getrocknete Aprikosen

4 EL Sonnenblumen- oder Rapsöl

2 x 2,5 cm Zimtstange

2 Zwiebeln, gehackt

2 geh. EL Knoblauch-Ingwer-Paste (siehe Seite 157)

500–600 g Hähnchenkeulen, nach Belieben ganz oder ausgelöst und in 2 cm große Würfel geschnitten

Salz nach Geschmack

4 Tomaten, gehackt

1–2 EL gehacktes Koriandergrün

Dazu passt

Sali (knusprige Strohkartoffeln)

Brot oder Chapatis (siehe Seite 183 oder 185) oder Basmatireis

(siehe Seite 195)

Jardaloo Ma Murghi

Huhn mit Aprikosen

Für 4 Personen

Das klingt sehr schlicht, ist aber ein sehr beliebtes parsisches Hühnergericht, das gern zu festlichen Anlässen wie Hochzeiten usw. serviert wird. Die traditionelle Vorliebe der Parsen für frische und getrocknete Früchte in der Küche geht auf unsere persischen Vorfahren zurück. Die Perser waren übrigens die Ersten, die das Kochen und die Esskultur zur Kunst erhoben. Die hier verwendeten Aprikosen stammen aus Indien oder Pakistan und haben einen Kern, der aufgeknackt eine schmackhafte Nuss freigibt. Manche entfernen ihn lieber, bevor die Früchte in die Sauce wandern. Zu Hause legen wir die Kerne beim Essen an den Tellerrand, um sie später zu knacken und die Nüsse darin zu essen. Entsteinte Früchte verlieren beim Garen an Substanz und neigen zum Zerkochen.

Man findet diese Aprikosen im indischen Lebensmittelhandel. Sie sind aromatischer und weniger sauer als andere getrocknete Aprikosen.

Wir Parsen servieren dieses Gericht mit Sali – knusprig frittierten Strohkartoffeln. Man kann auch zu gekauften Kartoffelsticks greifen und sie kurz im Ofen erwärmen.

Die Zutaten für das Masala im Mörser oder in einer Gewürzmühle oder im Mixer zermahlen. Die Aprikosen in 250 ml heißem Wasser 2–3 Stunden einweichen, bis sie aufgequollen sind.

Das Öl in einer Pfanne mit dickem Boden kräftig erhitzen und die Zimtstangen einlegen. Wenn sie sich nach etwa $1^1/_2$ Minuten mit etwas Öl vollgesogen haben, die Zwiebeln dazugeben und behutsam bräunen.

Sobald die Zwiebeln Farbe angenommen haben, die Knoblauch-Ingwer-Paste und das vorbereitete Masala hinzufügen und gründlich anbraten. Das Hähnchenfleisch dazugeben und 4–5 Minuten braten, bis es etwa halb gegart ist. Das Ganze leicht salzen, die gehackten Tomaten und die Aprikosen samt Einweichwasser dazugeben, alles gut verrühren und zugedeckt etwa 30 Minuten sanft schmoren, bis das Fleisch zart ist.

Ist die Sauce zu dünn, einige Minuten sämig einkochen lassen, jedoch nicht zu lange, sonst wird das Fleisch trocken. Gegebenenfalls das Fleisch mit einer Schaumkelle herausheben, die Sauce rasch einkochen und das Hähnchen anschließend wieder hineingeben.

Zuletzt das gehackte Koriandergrün unter die Sauce rühren, das Ganze pikant abschmecken, mit den Strohkartoffeln garnieren und mit Brot oder Chapatis oder Reis servieren.

6–8 Hähnchenkeulen, am Gelenk halbiert

Für das erste Masala

200 g rohe Cashew-Kerne
3 EL Sonnenblumen- oder Rapsöl
1 TL Kreuzkümmelsamen
30 g Butter
2 rote oder weiße Zwiebeln, in Streifen geschnitten
7,5 cm frischer Ingwer, fein gehackt
6–8 Knoblauchzehen
1 geh. EL gemahlene Mandeln
1 geh. EL Kokosmilchpulver
1–2 lange grüne Chilis, von den Samen befreit

Für das zweite Masala

2 EL Sonnenblumen- oder Rapsöl
7,5 cm Zimtstange, in zwei Stücke gebrochen
3–4 Kardamomkapseln, aufgebrochen
2–3 Gewürznelken
2 große getrocknete rote Kaschmir-Chilis ohne Samen
1–2 grüne Chilis, längs geviertelt

8–10 Kirschtomaten, halbiert
Salz nach Geschmack
6 Kartoffeln, geschält und in je 3–4 Stücke geschnitten
Öl zum Frittieren

KAJU NI MURGHI

HÄHNCHEN MIT CASHEW-KERNEN

Für 6 Personen

Die parsische Küche ist längst mit der indischen verschmolzen, doch hat sie sich einige Bezüge zu ihren persischen Wurzeln bewahrt. Obwohl wir Parsen gern essen und das Leben genießen, wird bei uns zu Hause selten groß aufgetischt. Doch bei festlichen Anlässen kennen wir keine Zurückhaltung! Dieses Hähnchengericht ist eine abgespeckte Version des Originals und nicht ganz so gehaltvoll wie jenes. Doch heute, da die Zeit zum Kochen knapp ist, wäre es zu aufwendig. Am besten schmeckt es mit knusprig frittierten Kartoffelwürfeln und Chapatis.

Die Hähnchenkeulen waschen und mit Küchenpapier abtupfen. Die Cashew-Kerne 1–2 Stunden in heißem Wasser einweichen. Ganze Nüsse vor dem Einweichen grob hacken. Abtropfen, das Einweichwasser in einem Messbecher auffangen und mit frischem Wasser auf 300–400 ml Flüssigkeit auffüllen.

Das Öl in einer Pfanne erhitzen und die Hähnchenstücke zuerst auf der Hautseite, dann von allen Seiten braun anbraten, herausnehmen und auf Küchenpapier abtropfen lassen. Im selben Öl den Kreuzkümmel einige Sekunden anrösten, bis er aromatisch duftet. Die Butter zugeben, sobald sie aufschäumt, die Zwiebeln hinzufügen und bei mäßiger Hitze etwa 4 Minuten anschwitzen, von der Kochstelle nehmen und abkühlen lassen.

Die abgekühlten Zwiebeln mit den restlichen Zutaten des ersten Masalas und dem Cashew-Wasser im Mixer zu einer glatten Masse pürieren und beiseitestellen.

Für das zweite Masala das Öl in einem tiefen Schmortopf erhitzen, Zimt, Kardamom und Nelken hineingeben und unter Rühren anrösten, bis die Gewürze aromatisch duften. Die roten Chilis und, sobald sie Farbe angenommen haben, die grünen Chilis zugeben und einige Sekunden unter Rühren weiterbraten. Die vorbereitete erste Masala-Paste zu den Gewürzen geben und einige Minuten unter Rühren anschwitzen. Vorsicht! Die Mischung spritzt. Die Paste weiter anschwitzen und mit einem Holz- oder Kunststoffspatel sorgfältig rühren, bis sich das Öl am Rand absetzt – ein Zeichen, dass die Paste gar ist. Mit 500 ml Wasser ablöschen, gut umrühren und abschmecken.

Die Sauce aufkochen, das angebratenen Hähnchenfleisch und die halbierten Kirschtomaten hineingeben und alles zugedeckt bei milder Hitze etwa 30 Minuten schmoren, bis das Fleisch zart ist. Das Fleisch herausnehmen, die Sauce bei starker Hitze sämig einkochen und abschmecken.

Inzwischen die Kartoffeln in kochendem Wasser 5 Minuten blanchieren, abtropfen und mit Küchenpapier gründlich abtrocknen. Das Öl zum Frittieren in einem Topf erhitzen und die Kartoffeln darin in etwa 6 Minuten goldbraun und knusprig backen. Auf Küchenpapier abtropfen und leicht salzen.

Das Hähnchen mit der Sauce, den frittierten Kartoffeln und Brot oder Chapatis servieren.

CHAANP NA CUTLESS

LAMMKOTELETTS IN DER KARTOFFELKRUSTE

Für 4 Personen

Das sind Lammkoteletts, wie sie die Parsen essen: saftige kleine Koteletts in einer Kartoffelhülle, in Grieß gewendet und gebraten und mit einer Zwiebel-Tomaten-Sauce serviert. Wer nur groben Grieß zur Hand hat, kann ihn im Mixer oder in einer sauberen Kaffee- oder Gewürzmühle feiner mahlen. Eine Alternative sind Semmelbrösel.

Die Kartoffeln schälen, in Scheiben schneiden und sehr weich kochen (je nach Dicke etwa 10 Minuten), dann abtropfen, wieder in den Topf geben und erhitzen, bis die Restflüssigkeit vollkommen verdampft ist. Dabei mit einem Holzspatel beständig den Satz vom Topfboden losschaben. Die Kartoffeln zerstampfen oder durch eine Kartoffelpresse in eine große Schüssel drücken, auf Zimmertemperatur abkühlen lassen und unbedeckt kalt stellen.

Die gemahlenen Gewürze mit etwas Salz und der Ingwer-Knoblauch-Paste vermengen und die Lammkoteletts damit einreiben. In einem Behälter zugedeckt im Kühlschrank mindestens 2 Stunden marinieren.

2 grüne Chilis längs vierteln. In einer großen Pfanne $1\frac{1}{2}$ Esslöffel Öl auf mittlerer Stufe erhitzen und den Zimt sowie die geviertelten Chilis hineingeben und kurz Farbe annehmen lassen. Die Lammkoteletts von überschüssiger Marinade befreien und in der Pfanne von beiden Seiten braun anbraten – nicht zu scharf, sonst verbrennt die Marinade. Die gebräunten Lammkoteletts aus der Pfanne nehmen. Die Zwiebeln und die restliche Marinade hineingeben, etwas Wasser zugießen und den Bratensatz vom Boden losrühren.

Sobald die Zwiebeln nach etwa 5 Minuten weich sind, die gehackten Tomaten dazugeben und alles weiter schmoren, bis Zwiebeln und Tomaten gut durchgegart sind. Gelegentlich etwas Wasser zugießen, sodass die Sauce am Ende sämig ist. Abschmecken, Zimtstangen und die grünen Chilis wegwerfen und warm stellen.

Die Hälfte des Koriandergrüns unter die Kartoffelmasse ziehen, den Rest unter die Sauce rühren. Den restlichen grünen Chili mit den gerösteten Kreuzkümmelsamen fein hacken und ebenfalls unter die Kartoffelmasse mengen. Abschmecken.

Die Masse in ebenso viele Portionen teilen, wie Sie Koteletts haben. Jedes Kotelett mit einer Kartoffelhülle überziehen, den Rippenknochen frei lassen. Die Koteletts in Mehl wenden, in das verschlagene Ei tauchen und mit dem Grieß panieren.

Reichlich Öl in einer großen, tiefen Pfanne erhitzen und die Koteletts darin in etwa 6 Minuten rundherum goldbraun und knusprig braten; zwischendurch einmal wenden. Mit der Tomaten-Zwiebel-Sauce und nach Belieben mit einem Salat servieren.

4–5 große, mehligkochende Kartoffeln
1/2 TL gemahlene Kurkuma
1 geh. TL gemahlener Kreuzkümmel
2 geh. TL gemahlener Koriander
1 geh. TL Chilipulver
Salz nach Geschmack
2 EL Ingwer-Knoblauch-Paste (siehe Seite 157)
8–12 Lammkoteletts, Knochen freigeschabt
3 lange, dünne grüne Chilis
Pflanzenöl zum Braten
2 x 5 cm Zimtstange
1 Zwiebel, ganz fein gehackt
2 EL gehacktes Koriandergrün
4–5 Tomaten, fein gehackt
1 TL Kreuzkümmelsamen
100–150 g Mehl
3–4 Eier, verschlagen
100–150 g feiner Grieß oder Semmelbrösel

Dazu passt

Salat, Tomatenscheiben und Zwiebelsauce

MUDH ISLAND KOAMIDI CURRY

TANTE DOLLYS OSTINDISCHES CURRY

Für 4–6 Personen

Tante Dolly oder Dolly Aunty, wie wir sie nannten, war die Frau eines guten Freundes und Stellvertreters meines Vaters bei der Western India Automobile Association. Sie waren sehr enge Freunde, und so manchen Tag verbrachte ich bei ihnen zu Hause. Dolly Aunty konnte fabelhaft kochen, und das Gericht, an das ich mich am liebsten erinnere, sind ihre Kokospfannkuchen.

Madh Island, auch als Honey Island bekannt, liegt an der Küste nördlich von Bombay. Dort leben vorwiegend Koli-Fischer und Katholiken. Die im 16. und 17. Jahrhundert von den Portugiesen zum christlichen Glauben bekehrten Inder verwenden noch heute die traditionellen Masalas und Gewürzmischungen, die ihre Küche so einzigartig machen. Mitten in der riesigen Metropole Bombay hat bis heute ein winziges Dorf namens Matharpacadi überdauert, das seit Jahrhunderten unberührt geblieben ist. Dort soll es noch eines der traditionellen ostindischen Restaurants geben – ausprobiert habe ich es allerdings nicht.

Sie können auch gleich die doppelte Menge Masala zubereiten und in einem sterilisierten Glas mit etwas Sonnenblumen- oder Olivenöl bedeckt und fest verschlossen mehrere Wochen im Kühlschrank aufbewahren.

Für das Masala das Öl in einer großen Pfanne erhitzen, bis es leicht flimmert. Die Zwiebeln darin bei mittlerer Hitze etwa 4 Minuten anschwitzen, bis sie weich, aber nicht gebräunt sind. Die Hitze reduzieren, den Knoblauch zugeben und goldgelb anschwitzen. Zwiebel und Knoblauch von der Kochstelle nehmen, abkühlen lassen und mit den restlichen Masala-Zutaten im Mixer zu einer dicken, glatten Paste verarbeiten. Bei Bedarf etwas Wasser einarbeiten.

Für ein Rinder- oder Lammcurry das Fleisch rundherum mit dem Masala einreiben und zugedeckt im Kühlschrank einige Stunden oder über Nacht marinieren. Bei Hähnchen entfällt das Marinieren.

Das Öl in einem Schmortopf erhitzen und die Zwiebeln darin in etwa 5 Minuten goldgelb und weich schwitzen. Bei einem Hähnchencurry das Masala unter die Zwiebeln rühren und einige Minuten mitschwitzen, bis sich das Öl absetzt. 150 ml Wasser und die Kokosmilch angießen und zum Kochen bringen. Das Hähnchenfleisch einlegen – es sollte vollständig mit Sauce bedeckt sein – und nicht ganz zugedeckt 30–40 Minuten behutsam schmoren, bis es durchgegart und zart ist. Die Sauce abschmecken.

Bei Lamm und Rind das marinierte Fleisch zu den angeschwitzten Zwiebeln in den Topf geben und von allen Seiten anbraten, bis es kräftig gebräunt und der austretende Saft verkocht ist. Mit einem Holzspatel ständig den Bratensatz vom Boden rühren, damit er nicht ansetzt. So viel Wasser angießen, dass das Fleisch etwa drei Viertel hoch bedeckt ist. Das Ganze zum Kochen bringen und auf kleiner Flamme nicht ganz zugedeckt etwa 45 Minuten sanft schmoren, bis es fast zart ist. Die Kokosmilch unterrühren, erneut aufkochen und weitere 30 Minuten bei milder Hitze garen, bis das Fleisch ganz zart und eine sämige Sauce entstanden ist.

Das Curry abschmecken, mit gehacktem Koriandergrün bestreuen und mit Reis servieren.

Für das Masala

2 EL Sonnenblumen- oder Rapsöl
1 Zwiebel, in feine Streifen geschnitten
1 große Knoblauchzehe, gehackt
$1\frac{1}{2}$ EL Koriandersamen
$\frac{1}{4}$ TL Kreuzkümmelsamen
1 großzügige Prise Fenchelsamen
1 Prise gemahlene Kurkuma
2 Gewürznelken
1 Prise Bockshornkleesamen
1 große Prise schwarze Senfsamen
5–6 schwarze Pfefferkörner
$\frac{1}{2}$ kleine rote Chilischote oder 1 getrockneter roter Chili, gehackt

Für das Curry

2–3 EL Pflanzenöl
2 Zwiebeln, in feine Streifen geschnitten
4–5 Portionen Hähnchenfleisch (Haut nach Belieben entfernt) oder 600 g mageres Lamm- oder Rind- oder Hähnchenfleisch, gewürfelt
1 Dose (400 ml) Kokosmilch
2 EL gehacktes Koriandergrün

Dazu passt

Basmatireis (siehe Seite 195)

DHAANSAAK

LAMMFLEISCH MIT LINSEN UND REIS

Für 4–6 Personen

Dies ist das bekannteste Gericht der parsischen Küche, vergleichbar dem traditionellen Sonntagsbraten. Es besteht aus zwei Komponenten: Lammfleisch mit Linsen und Reis. Beides kann auch als eigenständiges Gericht serviert werden, darum habe ich sie hier getrennt. Beide Masalas lassen sich in größeren Mengen zubereiten und fest verschlossen lagern, die Paste im Kühlschrank, die trockene Gewürzmischung in einer dunklen Vorratskammer. Der gebräunte Reis passt auch zu anderem Fleisch und Geflügel.

Die Parsen bereiten Dhaansaak grundsätzlich mit Lammfleisch zu, es sei denn, ein Mitglied der Familie isst kein Lamm oder ist Vegetarier. Die Beilagen – kleine Lammbällchen und Kachumber (Zwiebelsalat) – sind genauso wichtig wie der Hauptteil. Dhaansaak erfordert eine gewissenhafte Zubereitung, ist letztlich aber ganz einfach, wenn man der Anleitung systematisch folgt. Außerdem kann man bereits am Vortag beginnen (wie es die Parsen tun), um das Sonntagsessen möglichst stressfrei zu gestalten. Fachgerecht zubereitet ist das Ergebnis ein echtes Glanzstück.

Oben rechts: Brauner Zwiebel-Pulao (Seite 92)
Mitte: Scharfe Linsen mit Lammfleisch (Seite 90)
Unten links: Kachumber (Seite 93)
Unten rechts: Lammbällchen (Seite 93)

MASALA NI DAAR SAATHAY GOS

SCHARFE LINSEN MIT LAMMFLEISCH

TEIL 1: DAS »SAAK«

Für das Masala
5 cm Zimtstange
6 grüne Kardamomkapseln, gespalten
6–8 Gewürznelken
2 TL Kreuzkümmelsamen
10 schwarze Pfefferkörner
1 geh. EL Koriandersamen
8–10 große rote Chilis
7,5 cm frischer Ingwer, grob gehackt
10–12 Knoblauchzehen, grob gehackt
30–50 g Koriandergrün

Für 4–6 Personen

Sämtliche Zutaten für das Masala außer dem Koriandergrün in einer Pfanne oder einem Wok unter Rühren einige Minuten rösten, bis die Mischung aromatisch duftet und leicht gebräunt ist, aber nicht verbrennen lassen. Die Gewürzmischung etwas abkühlen lassen und im Mixer oder mit dem Pürierstab mit etwas Wasser und dem Koriandergrün zu einer Paste verarbeiten.

Für das Daal sämtliche Hülsenfrüchte waschen und in einem großen Schmortopf 2,5 cm hoch mit Wasser bedecken. Alle anderen Zutaten zugeben, zum Kochen bringen und bei geringer Hitze etwa 30 Minuten köcheln lassen, bis das Gemüse gar ist. Dabei immer wieder mit einem Holzspatel umrühren, damit nichts ansetzt. Sobald die Hülsenfrüchte ganz weich sind, das Ganze mit dem Stabmixer pürieren und beiseitestellen.

Für das Lammfleisch das Öl in einer Schmorpfanne mit dickem Boden erhitzen und das Fleisch von allen Seiten scharf anbraten. Die vorbereitete Masala-Paste zugeben und Farbe nehmen lassen, bis sich das Öl absetzt (ein Zeichen, dass das Masala gar ist).

Fleisch und Masala mit 150 ml Wasser ablöschen. Alles salzen, aufkochen und zugedeckt bei mittlerer Hitze 20–25 Minuten sanft schmoren, bis das Fleisch zart ist. Gelegentlich umrühren und bei Bedarf noch etwas Wasser zugeben.

Das Lammfleisch unter das Daal mengen und bis zum Gebrauch beiseitestellen. Das ist ihr »Saak«. Das Gericht kurz vor dem Servieren noch einmal erhitzen (eventuell noch etwas Wasser zugeben) und in einer vorgewärmten Schüssel anrichten. Schmeckt auch hervorragend als eigenständiger Hauptgang mit Reis.

Für das Daal
100 g gelbe Linsen (Toor Daal)
50 g halbierte oder gespaltene Kichererbsen (Channa Daal)
50 g halbierte geschälte Mungbohnen (Moong Daal)
100 g rote Linsen (Masoor Daal)
1 kleine Aubergine, gewürfelt
100 g »Red-Kuri«-Kürbis, gewürfelt
2 EL grob gehackter Dill
1 Taro-Blatt (nach Belieben)
50 g frische oder 1 EL getrocknete Bockshornkleeblätter (Methi)
Salz nach Geschmack
1 EL Tamarindenpaste
100 g Muscovado-Zucker
2 EL gehacktes Koriandergrün (Blätter und Stiele)
2 EL gehackte Minze

Für das Lammfleisch
2–3 EL Pflanzenöl
500 g mageres Lammfleisch (vorzugsweise Keule), in 2 cm große Würfel geschnitten
Salz nach Geschmack

VAGHARAELA CHAAWAL

PULAO MIT ZWIEBELN

TEIL 2: DAS DHAAN ZUBEREITEN UND DAS DHAANSAAK FERTIGSTELLEN

Für 4–6 Personen

Für den Reis das Öl in einem Schmortopf erhitzen und die Gewürze darin bei mittlerer Hitze 1–2 Minuten anrösten, bis sie aromatisch duften. Die Zwiebeln dazugeben und etwa 10 Minuten sanft anbraten, bis sie dunkelbraun sind.

Den Reis zu den Zwiebeln einstreuen, 5–6 Minuten anschwitzen und dabei regelmäßig umrühren, damit die Körner rundherum gleichmäßig mit Öl überglänzt werden. Den Reis 2,5 cm hoch mit heißem Wasser bedecken, salzen, gut umrühren, zum Kochen bringen und zugedeckt auf kleiner Flamme 15–20 Minuten garen. Ab und zu mit einem flachen Holzspatel behutsam umrühren und, falls nötig, noch etwas Wasser zugießen. Von der Kochstelle nehmen und zugedeckt ziehen lassen.

Für das Garam Masala sämtliche Gewürze in einer Pfanne unter Rühren 1–2 Minuten rösten, bis sie aromatisch duften. Abkühlen lassen und im Mixer oder Mörser zu Pulver zermahlen.

Kurz vor Ende der Garzeit die Garnitur zubereiten. Dazu die Zwiebelscheiben in Ringe zerteilen. Das Öl in einer Pfanne erhitzen und die Zwiebelringe darin bei starker Hitze goldbraun und knusprig rösten. Auf Küchenpapier abtropfen.

Das Garam Masala über den Reis streuen und behutsam unterheben, das Ganze mit den Röstzwiebeln und den gehackten Kräutern garnieren und servieren. Das Dhaan schmeckt auch gut zu jedem anderen Daal oder Curry. Man kann sogar gegartes Hähnchenfleisch oder Garnelen untermengen und kurz darin erhitzen.

Für den Pulao-Reis

75 ml Sonnenblumen- oder Rapsöl
2,5 cm Zimtstange
3–4 grüne Kardamomkapseln, gespalten
3–4 Gewürznelken
4–5 Sternanis
2 Zwiebeln, halbiert und in dünne Streifen geschnitten
500 g Basmatireis, gewaschen und abgetropft
2 TL Salz oder nach Geschmack

Für das Garam Masala

3–4 grüne Kardamomkapseln, gespalten und Samen ausgelöst
3–4 Gewürznelken
2–3 Sternanis
1 geh. TL Kreuzkümmelsamen
8–10 schwarze Pfefferkörner
2–3 getrocknete rote Chilis
2 TL getrocknete Bockshornkleeblätter (Methi)

Für die Garnitur

1–2 Zwiebeln in Scheiben
2 EL Sonnenblumen- oder Rapsöl
2 EL gehacktes Koriandergrün
2 EL gehackte Minze

DAS DHAANSAAK FERTIGSTELLEN

Für die Lammbällchen
1 Rezept Seekh Kevâab (siehe Seite 173)
einige Blätter Koriandergrün

Für das Kachumber
1 große Zwiebel, halbiert und in feine Ringe geschnitten
2 EL gehacktes Koriandergrün
2 EL gehackte Minze
1 grüner Chili, fein gehackt
1 kleine Tomate, entkernt und fein gehackt
1 TL Essig
Salz nach Geschmack

Das Lammhack wie auf Seite 173 beschrieben zubereiten, zu 2,5 cm großen Bällchen formen und in heißem Öl 3–4 Minuten frittieren, bis sie goldbraun und durchgegart sind. Auf Küchenpapier abtropfen. Oder im Backofen bei 200 °C etwa 20 Minuten braten. Auf dem Reis oder in einer separaten Schüssel anrichten und mit Koriandergrün garnieren.

Für das Kachumber sämtliche Zutaten in einer Schüssel sorgfältig vermengen und mit Essig und Salz abschmecken.

Zum Servieren sämtliche Speisen in die Tischmitte stellen, sodass sich jeder selbst bedienen kann. Sie können dazu auch ein paar knusprige Linsen-Papadams (nicht die Madras-Art) und ein fruchtiges Chutney reichen.

2 TL gemahlener Kreuzkümmel
2 TL gemahlener Koriander
1 TL Kreuzkümmelsamen
2–3 große mehligkochende Kartoffeln
100 ml Sahne
3–4 Eigelb
Salz nach Geschmack
2 EL Sonnenblumen- oder Rapsöl
2 x 5 cm Zimtstange
2–3 getrocknete rote Chilis, in Stücke zerbrochen und von Samen befreit
2 rote Zwiebeln, fein gehackt
10 cm frischer Ingwer, fein gehackt
2 Knoblauchzehen, fein gehackt
500 g mageres Lammhack
2 Tomaten, gehackt
8–10 Zweige Koriandergrün, gehackt

GINGER COUNTRY CAPTAIN

COTTAGE PIE MIT INGWER

Für 4 Personen

Diese anglo-indische Kreation hat keinen indischen Namen. Aber das Rezept rückt den britischen Klassiker in ein komplett neues Licht und zeigt einmal mehr, wie vielseitig und wandelbar die indische Küche sein kann.

Den gemahlenen Kreuzkümmel und Koriander mit 250 ml warmem Wasser verrühren und beiseitestellen. Die Kreuzkümmelsamen in einer Pfanne etwa 30 Sekunden behutsam rösten, bis sie aromatisch duften, dann abkühlen lassen und im Mörser zerstoßen.

Die Kartoffeln in reichlich Wasser kochen, bis die Schale aufplatzt, dann abgießen, gründlich abtropfen lassen und noch heiß schälen. Die Kartoffeln durch eine Kartoffelpresse in eine Schüssel drücken oder mit einem Kartoffelstampfer sorgfältig zerstampfen.

Die Sahne und die Eigelbe gründlich miteinander verschlagen und unter die Kartoffelmasse ziehen, bis sie glatt und klumpenfrei ist. Den zerstoßenen Kreuzkümmel unterrühren und die Masse mit Salz abschmecken.

Das Öl in einem Schmortopf kräftig erhitzen und den Zimt 1 Minute darin anrösten, bis er Farbe annimmt, jedoch nicht schwarz werden lassen. Die Hitze auf mittlere Stufe reduzieren und die zerkrümelten roten Chilis zum Zimt geben. Einige Sekunden unter Rühren braten, dann die Zwiebeln hinzufügen und 4–5 Minuten goldgelb anschwitzen. Ingwer und Knoblauch unterrühren und alles noch einmal 2–3 Minuten braten.

Bei schwacher Hitze das Hackfleisch und das Würzwasser zu den Zwiebeln geben und die Klümpchen zerdrücken und verrühren. Die Hitze wieder auf mittlere Stufe stellen und beständig weiterrühren, damit das Fleisch nicht wieder verklumpt. Das Ganze zum Kochen bringen und bei mittlerer Hitze köcheln lassen, bis die Mischung nahezu trocken ist, dabei immer wieder umrühren, damit sich keine Klumpen bilden. Die gehackten Tomaten unterrühren und einige Minuten mitgaren, bis sie leicht zerfallen sind. Die Hackmasse abschmecken, das gehackte Koriandergrün untermischen und alles in eine Auflaufform füllen.

Den Backofengrill vorheizen. Das Hackfleisch gleichmäßig in der Form verteilen und das Kartoffelpüree darauf verstreichen oder mit einem Spritzbeutel auftragen. Unter den Grill schieben und in etwa 5 Minuten goldbraun überbacken.

Für die Linsen mit Lamm

300–350 g ganze rote Linsen oder Puy-Linsen
1 kg ausgelöste Lammkeule, gewürfelt
2 geh. EL Ingwer-Knoblauch-Paste (siehe Seite 157)
1 TL Salz
2 EL Sonnenblumen- oder Rapsöl
Lammfond oder Hühnerbrühe

Für das Masala

2 EL Sonnenblumen- oder Rapsöl
7,5–10 cm Zimtstange
3–4 grüne Kardamomkapseln, gespalten oder leicht zerstoßen
3–4 Gewürznelken, grob zerstoßen
2–3 getrocknete, lange rote Chilis
2–3 grüne Chilis, längs halbiert
3 Zwiebeln, gehackt
2 TL gemahlener Kreuzkümmel
1 EL gemahlener Koriander
½ TL gemahlene Kurkuma
1 geh. TL Chilipulver
2–3 Tomaten, gehackt
2 EL gehacktes Koriandergrün
30 g Butter
1–2 TL extrafeiner Zucker
Salz nach Geschmack

Dazu passt

Chapatis (siehe Seite 183) oder Basmatireis (siehe Seite 195)

MASOOR MA GOS

LAMM MIT INDISCHEN PUY-LINSEN

Für 6 Personen

Masoor sind geschälte rote Linsen, die kleineren Verwandten der von den Franzosen so geliebten Puy-Linsen. Linsen und andere Hülsenfrüchte finden in der indischen Küche reichlich Verwendung, allen voran in der parsischen Gemeinde. Hier werden die Linsen mit Lammfleisch zubereitet, doch schmecken sie auch mit Lammzunge oder Hähnchen kombiniert oder schlicht gegart und mit Kartoffeln als vegetarisches Gericht serviert. Dieses Rezept erinnert mich an meine Kindheit. Mein Vater liebte Masoor, *darum kamen sie oft auf den Tisch. Außerdem waren sie billig und sättigend.*

Die Linsen waschen, in einer Schüssel mit lauwarmem Wasser bedecken und 1–2 Stunden einweichen.

Das Lammfleisch waschen, abtropfen und mit Küchenpapier abtrocknen. Rundum mit der Ingwer-Knoblauch-Paste und Salz einreiben und etwa 1 Stunden marinieren.

Das Öl in einem Schmortopf stark erhitzen und das Fleisch darin von allen Seiten scharf anbraten. Vorsicht, die Ingwer-Knoblauch-Paste setzt leicht an, darum ab und zu mit etwas Wasser ablöschen, den Bratensatz vom Boden losrühren und dann fortfahren, bis das Fleisch gebräunt ist. Das Fleisch mit Fond oder Brühe ablöschen und so viel Flüssigkeit angießen, dass es knapp bedeckt ist. Das Ganze aufkochen und bei mäßiger Hitze etwa 30 Minuten sanft schmoren, bis das Fleisch fast fertig gegart ist.

Für das Masala das Öl in einem zweiten Schmortopf erhitzen, Zimt, Kardamom und Nelken darin etwa 30 Sekunden anrösten, bis die Gewürze aromatisch duften. Die roten und grünen Chilis dazugeben und weiter rösten, bis die roten Chilis Farbe annehmen. Die Zwiebeln mit 2 Esslöffel Wasser zugeben und die Zwiebeln goldgelb und weich schwitzen.

Kreuzkümmel, Koriander, Kurkuma und das Chilipulver mit einigen Esslöffeln Wasser zu einer dünnen, glatten Paste verrühren und unter die angeschwitzten Zwiebeln rühren. Die Mischung weiter garen, bis sich das Öl in kleinen Bläschen absetzt und die Gewürze aromatisch duften.

Die eingeweichten Linsen samt Einweichwasser dazugeben und alles gut verrühren. Bei Bedarf noch etwas Wasser angießen. Die Linsen aufkochen und in etwa 20 Minuten weich köcheln.

Sobald die Linsen gar sind, das Lammfleisch zusammen mit den Tomatenwürfeln, dem gehackten Koriandergrün und der Butter unter die Linsen rühren, das Ganze mit Zucker und Salz würzig abschmecken und mit Chapatis oder Reis servieren.

ASSADO DE PORCO

SCHWEINEBRATEN AUF GOA-ART

Für 6–8 Personen

Die Frauen in Goa hüten so manches Geheimrezept, das ihre unverkennbare Handschrift trägt, aber sie alle gehen auf die von den Portugiesen während der Besatzungszeit mitgebrachten Originalversionen zurück. Auch die Vorliebe der Goaner für Schweinefleisch stammt aus der Zeit der portugiesischen Siedler. Zwar wird Assado de porco *gewöhnlich mit Schweinerücken zubereitet, doch lässt es sich auch mit einem Rollbraten aus der Schulter, ja sogar mit magerem Bauchfleisch realisieren. Bei Bauch benötigt man allerdings zwei Stücke, da sie kleiner ausfallen. In diesem Fall mariniert man sie zunächst einzeln und fährt dann wie im Rezept beschrieben fort (Schweinebauch braucht eventuell etwas länger, um zart zu werden). Ich rate dringend zu Schweinebauch, es ist wunderbar schmackhaftes und völlig unterschätztes Fleisch.*

Für das Masala den Zimt in kleine Stücke brechen und mit den Pfefferkörnern und den Nelken im Mörser grob zerstoßen. Die Mischung in einer Pfanne bei geringer Hitze sanft anrösten. Die roten Chilis zugeben und unter Rühren weiter rösten, bis die Mischung aromatisch duftet und etwas Farbe angenommen hat, dann in eine kleine Schüssel geben und abkühlen lassen.

Ingwer, Knoblauch, Zwiebeln, grüne Chilis, Kurkuma, die abgekühlte Würzmischung sowie Tamarindenmark, Essig, die Hälfte des Öls, den Zucker und Salz im Mixer oder mit dem Pürierstab zu einer relativ feinen Paste zermahlen.

Den Schweinebraten entrollen, großzügig mit dem Masala einreiben – ein wenig Masala zurückbehalten – und einige Stunden im Kühlschrank marinieren. Anschließend erneut zusammenrollen und verschnüren.

Den Backofen auf 180 °C vorheizen. Das restliche Masala mit den Kartoffeln sowie dem übrigen Gemüse, so weit verwendet, vermengen. Das restliche Öl in einem großen Bräter erhitzen, überschüssiges Masala vom Fleisch abstreifen und unter das Gemüse mengen. Das Fleisch im heißen Öl von allen Seiten braun anbraten, dann das Gemüse um das Fleisch verteilen und das Ganze im heißen Ofen 1½–2 Stunden braten, bis das Fleisch zart ist.

Am Ende der Garzeit den Braten aus der Pfanne nehmen, das Gemüse abschmecken und das gehackte Koriandergrün untermengen. Den Schweinebraten in Scheiben schneiden und mit dem Gemüse garniert servieren.

Für das Masala

10 cm Zimtstange
1 geh. TL schwarze Pfefferkörner
5–6 Gewürznelken
4–5 große getrocknete Chilis, in Stücke zerbrochen
10 cm frischer Ingwer
6–8 Knoblauchzehen
3–4 kleine rote Zwiebeln, gehackt
2 lange grüne Chilis
1 geh. TL gemahlene Kurkuma
100 ml frisches Tamarindenmark (siehe Seite 59)
200 ml Palmessig oder Cidreessig
100 ml Pflanzenöl
1 EL Muscovado-Zucker
1 EL Salz

Für den Schweinebraten

2 kg Schweinerücken, -schulter oder -bauch ohne Schwarte, entbeint und gerollt
8 festkochende Kartoffeln, geschält und gewürfelt
300–400 g Kürbisfleisch, geschält, entkernt und gewürfelt (nach Belieben)
3–4 kleine rote Zwiebeln, geschält und geviertelt (nach Belieben)
3 EL gehacktes Koriandergrün

ROLLEIFLEX

1–1,25 kg Lammkeule (die untere Hälfte samt Haxe)
1 TL Kreuzkümmelsamen
1 EL Koriandersamen
6–8 große rote Chilis, in Stücke geschnitten
50 g frischer Ingwer, grob gehackt
50 g Knoblauchzehen
12 kleine Kartoffeln
2–3 EL Pflanzenöl
2 x 2,5 cm Zimtstange
3–4 grüne Kardamomkapseln, gespalten
2–3 Gewürznelken
3–4 schwarze Pfefferkörner
Lammfond oder Hühnerbrühe nach Bedarf
3 Zwiebeln, gehackt
200 g Tomaten, gehackt (oder 1 kleine Dose)
1 TL Salz
2 EL gehacktes Koriandergrün

Dazu passt

Basmatireis (siehe Seite 195)

MASALA NU ROAST GOS

LANGSAM GESCHMORTE LAMMKEULE

Für 6–8 Personen

Hier ein Lammbraten nach Art der Parsen. Man kann ihn in Scheiben geschnitten kalt als Sandwichbelag genießen oder heiß mit seiner Sauce und Röstkartoffeln, wie auf dem Bild zu sehen, und/oder mit Reis servieren. Diese Art des Marinierens ist sehr typisch, doch durchaus vielseitig und alles in allem so einfach, dass sie für die meisten Fleischarten oder auch ein ganzes Hähnchen geeignet ist.

Das Fleisch von Fett und Häuten befreien. Kreuzkümmel, Koriander und die roten Chilis in einer Pfanne bei geringer Hitze etwa 30 Sekunden rösten, bis die Mischung aromatisch duftet und leicht Farbe nimmt. In eine Schale geben und abkühlen lassen. Im Mixer oder mit dem Pürierstab Ingwer, Knoblauch und die geröstete Würzmischung mit einem kleinen Schuss Wasser zu einer dicken, feinen Paste zermahlen. Die Kartoffeln schälen, halbieren und in Wasser legen.

Den Backofen auf 180 °C vorheizen. In einem ausreichend großen Bräter das Öl kräftig erhitzen und das Fleisch darin von allen Seiten kräftig anbraten. Die Keule herausnehmen, die übrigen Gewürze ins heiße Öl geben und darin etwa 1 Minute auf kleiner Flamme anrösten, bis die Nelken leicht aufgequollen sind. Den Bratensatz mit etwas Lammfond oder Hühnerbrühe ablöschen und mit einem hölzernen Spatel vom Topfboden losrühren.

Die Zwiebeln zu den Gewürzen geben und weitergaren, bis die Flüssigkeit verdampft ist und die Zwiebeln im Öl braten. Sobald sie nach etwa 5 Minuten weich sind, die Masala-Paste unterrühren, das Ganze salzen und weitere etwa 5 Minuten unter Rühren garen. Die Lammkeule einlegen und zugedeckt 15 Minuten im Ofen schmoren, dann wenden, mit dem Masala überziehen und weitere 30 Minuten schmoren. Nach Bedarf weiteren Fond angießen.

Die gehackten Tomaten, die Kartoffeln und bei Bedarf noch etwas Wasser oder Fond zugeben und alles zugedeckt noch einmal 10–15 Minuten schmoren. Das Fleisch ist nahezu gar, wenn es sich vom Schienbeinknochen gelöst und etwas zurückgezogen hat und weich anfühlt. Im Zweifelsfall mit einer Bratengabel einstechen. Wenn der austretende Saft klar ist, ist das Fleisch gar.

Die fertig geschmorte Keule und die Kartoffeln warm stellen. Die Sauce mit einem Löffel entfetten und nach Bedarf mit Fond oder Brühe auf die gewünschte Konsistenz verdünnen. Noch einmal bei starker Hitze aufkochen und mit etwas frisch gehacktem Koriandergrün vollenden.

40 g Butter
2 TL Chilipulver
1 TL extrafeiner Zucker
$^1/_2$ TL Salz
200 g passierte Tomaten
Saft von $^1/_2$ Limette
5–7,5 cm frischer Ingwer, gerieben oder fein gehackt
1 geh. TL geröstete und gemahlene Kreuzkümmelsamen
2–3 grüne Chilis, fein gehackt
200 ml süße Sahne
1 Rezept Hähnchen Tikka (siehe Seite 25)
1–2 EL gehacktes Koriandergrün

BUTTER CHICKEN

BUTTER-HÄHNCHEN-MASALA

Für 4 Personen

Chicken Makhani, *das klassische Butterhuhn aus Nordindien, unterscheidet sich ein wenig von dieser Variante und ist auch etwas feiner. Das* Butter Chicken *aus Bombay ist so international, dass es nicht einmal einen indischen Namen dafür gibt. Am besten für dieses Rezept geeignet ist wie auf Seite 25 für* Hähnchen Tikka *gegartes Fleisch. Man kann aber auch vier gewürfelte Hähnchenbrustfilets in vier gehäuften Esslöffeln Sahnejoghurt, vermischt mit einem Esslöffel Tandoori-Paste, marinieren und dann wie das* Tikka *grillen.* Butter Chicken *wurde in Bombay dank dem unvergleichlichen Restaurant* Delhi Durbar *populär. Streichen Sie bei diesem Gericht das Wort »Kalorien« vorübergehend aus Ihrem Wortschatz!*

Die Butter in einem Wok oder einer großen, tiefen Pfanne aufschäumen. Abseits der Kochstelle Chilipulver, Zucker und Salz hineingeben und gut mit der Butter verrühren. Wieder auf das Kochfeld stellen und etwa 1 Minute unter Rühren erhitzen. Die passierten Tomaten und den Limettensaft dazugeben und alles bei milder Hitze weitere 2 Minuten unter Rühren garen.

Den Ingwer, die Hälfte des Kreuzkümmels und die gehackten Chilis unter die Würzbutter rühren und bei geringer Hitze wenige Minuten weitergaren, dann die Sahne hinzufügen und alles 6–8 Minuten köcheln lassen.

Das gegarte Hähnchenfleisch in der Sauce erhitzen. Die Sauce abschmecken und mit dem gehacktem Koriandergrün und dem restlichen gerösteten Kreuzkümmel bestreuen.

MURGHI NA FARCHA

BACKHÄHNCHEN AUF PARSENART

Für 4 Personen

Dies ist das klassisch parsische Backhähnchen, das bei den meisten festlichen Anlässen auf den Tisch kommt. Mit der traditionellen Tomatensauce serviert (siehe Seite 29) ginge es durchaus auch als italienische Spezialität durch. Das Gericht verrät unsere alten persischen Wurzeln und demonstriert einmal mehr, wie wunderbar die indische Küche ist. Servieren Sie es als Vorspeise oder als Teil eines umfangreicheren Hauptgangs.

Sämtliche Zutaten für das Masala im Mixer oder im Mörser zermahlen und mit etwas Wasser zu einer dicken Paste verarbeiten.

Die Hähnchenteile nach Belieben häuten. Das Fleisch mit der Masala-Paste einreiben und mindestens 30 Minuten oder bis zu 6 Stunden im Kühlschrank marinieren.

Die Eier verschlagen. Das Öl in einem Wok oder in einer großen, tiefen Pfanne erhitzen. Zum Testen der Öltemperatur zunächst etwas Eimasse ins heiße Öl geben – es sollte sofort an die Oberfläche steigen und das Öl zum Sieden bringen.

Die Hähnchenstücke in Mehl wenden, in das verschlagene Ei tauchen und in das heiße Öl gleiten lassen. Zuerst mit einem Stück beginnen, um sicherzugehen, dass das Öl die richtige Temperatur hat. In zu heißem Öl wird die Eihülle braun, bevor das Fleisch gar ist.

Das Fleisch portionsweise frittieren. Nach Einlegen der Hähnchenstücke ins Öl die Temperatur leicht reduzieren und das Öl beständig über das Fleisch schöpfen, damit sich eine knusprige Kruste bildet. Die Fleischstücke in etwa 3 Minuten goldbraun und knusprig frittieren, mit einer Schaumkelle herausnehmen und auf Küchenpapier abtropfen.

Nach jedem Durchgang auf dem Öl treibendes Ei und andere verbrannte Reste entfernen und das Öl behutsam wieder erhitzen. Große Stücke nach dem Frittieren noch eine Weile in den auf 120 °C vorgeheizten Ofen geben, bis sie ganz durchgegart sind.

Das Backhähnchen mit Limettenspalten, Tomatensauce und/oder einem Salat mit Mayonnaisedressing servieren.

Für das Masala

100 g frischer Ingwer, gehackt
6 Knoblauchzehen
3–4 dünne, scharfe grüne Chilis, von Samen befreit
$1^1/_2$ EL gemahlene Kurkuma
4 TL Kreuzkümmelsamen, geröstet
einige Zweige Koriandergrün oder 1 kleine Handvoll Korianderstiele
Saft von $^1/_2$ Limette
Salz nach Geschmack

Für die Hähnchen

4 Hähnchenkeulen, am Gelenk halbiert und entbeint, oder 8 entbeinte Oberschenkel
4 Eier
Pflanzenöl zum Frittieren
Mehl nach Bedarf

Zum Servieren

Limettenspalten und Tomatensauce (siehe Seite 29) und/oder Salat mit einem Mayonnaisedressing

GEMÜSE

»Vegetarismus«, das ist ein Begriff, der den Indern wie auf den Leib geschrieben scheint. Zwar leben keineswegs alle Inder fleischlos, aber es lässt sich mit Sicherheit sagen, dass es etwa fünf- bis sechshundert Millionen Vegetarier in Indien gibt, vermutlich sogar deutlich mehr.

Wenn es Zeit und Geld irgendwann einmal erlauben sollten, würde ich nur zu gern das ganze Land bereisen, um die vielen verschiedenen regionalen Spezialitäten kennenzulernen. Es gäbe so viel zu entdecken und zu lernen.

Bombay, ein riesiger Schmelztiegel, konsumiert wohl den Löwenanteil an Fleisch und Geflügel im Land, aber auch Gemüse jeder Art ist in den Küchen der Restaurants und Privathaushalte sowie den zahllosen Garküchen auf den Straßen allgegenwärtig. Die Verwendungsmöglichkeiten reichen von Snacks und leichten Mahlzeiten über *Thalis* (runde Tabletts mit einer Auswahl kleiner Speisen) und den Kreationen der Straßenküche bis zum echten Bombay-Sandwich (Seite 158), und der Fantasie sind keine Grenzen gesetzt. Selbst »eingefleischte« Karnivoren können dem Riesenangebot an Verlockungen nicht widerstehen und vergreifen sich an den vegetarischen Delikatessen. Dank der vielen Volksgruppen, die in Bombay leben, umfasst das Angebot Hunderte, ja Tausende Gerichte, und man hat die sprichwörtliche Qual der Wahl.

Auch die Küche der einheimischen Bevölkerung, der Maharashtrians, bietet eine erstaunliche Auswahl an traditionellen vegetarischen Gerichten. Obwohl ich selbst ein Parse aus Maharashtra bin, muss ich gestehen, dass ich abgesehen von ein paar bekannteren Gerichten nur sehr wenig über die Küche Maharashtras weiß.

Egal wo man lebt, fast jeder hat heute ganzjährig Zugang zu erstklassigem Gemüse. Das Geheimnis der internationalen Spitzenköche liegt darin, nur Produkte zu kaufen, die gerade Saison haben, und damit nehmen es auch Indiens Frauen sehr genau. Daher verstehen sie sich auf wunderbare Gemüsegerichte, die aber nur zu bestimmten Jahreszeiten auf den Tisch kommen.

Ich kann jedem nur raten, durch die Märkte und Läden zu streifen und die vielen verschiedenen örtlichen Gemüsesorten auszuprobieren. Sie werden staunen, wie vielfältig das Angebot ist, und Sie werden sicher auch den Unterschied schmecken – etwa zwischen frischem Spargel aus der Region und Supermarktware, die um den halben Erdball gereist ist. Rosenkohl ist ein Genuss, wenn man ihn nicht wie üblich totkocht, sondern raspelt und mit etwas Kreuzkümmel und grünem Chili nur ganze fünf Minuten gart.

Kaufen Sie frisches Gemüse und genießen Sie das volle Aroma, das nur Produkte der Saison bieten können. Meiden Sie in jedem Fall überlagerte oder nicht ausgereifte Ware vom anderen Ende der Welt. Wir servieren in unseren Restaurants nur saisonales Gemüse und erleben es immer aufs Neue, dass man viele beglückende kulinarische Erfahrungen macht, wenn man die Geschenke der Natur nur dann nutzt, wenn ihre Zeit gekommen ist.

2 EL Sesamsamen
750 g Rosa-Tannenzäpfle-Kartoffeln (Pink Fir; ersatzweise Bamberger Hörnle, Kipfler oder La Ratte)
3 EL Sonnenblumen- oder Rapsöl
1 TL Kreuzkümmelsamen
2–3 grüne Chilis, längs geviertelt
7,5 cm frischer Ingwer, gerieben
15–20 Curryblätter (vorzugsweise frisch), in feine Streifen geschnitten
$^1/_4$ TL gemahlener Asant
3 Zwiebeln, in feine Streifen geschnitten
Salz nach Geschmack
2 Eiertomaten, gehackt (nach Belieben)
1 EL gehacktes Koriandergrün

ALOO TIL TINKA

ROSA-TANNENZÄPFLE-KARTOFFELN MIT GERÖSTETEM SESAM

Für 4 Personen

In diesem Rezept zeigen sich die Rosa Tannenzäpfle (auch Pink Fir genannt), eine sehr schmackhafte Kartoffelsorte, ähnlich dem Bamberger Hörnle, von ihrer besten Seite. Die schlanken, fingerlangen Knollen sind, wenn behutsam behandelt und nicht zu stark gewürzt, in Konsistenz und Geschmack kaum zu übertreffen. Natürlich lässt sich mit ähnlichen Sorten ebenfalls ein schmackhaftes Resultat erzielen.

Den Backofen auf 140°C vorheizen. Die Sesamsamen auf einem Blech verstreuen und im Ofen 10 Minuten rösten. Den Ofen ausschalten und das Blech weitere 10 Minuten darin ruhen lassen. Dabei das Blech regelmäßig rütteln. Die Kartoffeln schälen und in kleine Würfel schneiden.

Das Öl in einer großen Pfanne stark erhitzen. Den Kreuzkümmel hineingeben, kurz umrühren, dann Chili, Ingwer, Curryblätter und Asant hinzufügen. Einige Sekunden rühren, bis das Knistern und Knacken aufhört, dann die Zwiebeln dazugeben und in 3 Minuten goldgelb anschwitzen.

Die Kartoffeln in das Würzöl geben und rundherum gleichmäßig darin anbraten, dann salzen und mit so viel Wasser ablöschen, dass die Kartoffeln etwa zur Hälfte bedeckt sind. Das Ganze aufkochen und bei milder Hitze zugedeckt etwa 10 Minuten köcheln lassen, bis die Kartoffeln fast gar sind. Ab und zu behutsam umrühren, damit sie gleichmäßig garen.

Die gehackten Tomaten untermengen und alles offen weitergaren, bis die Kartoffeln weich sind und lediglich ein kleiner, sämiger Saucenrest verblieben ist. Den gerösteten Sesam unter die Kartoffeln rühren, abschmecken, das Koriandergrün untermengen und heiß servieren.

CHOTTA ALOO RASSA

MINIKARTOFFELN IN PIKANTER TOMATENSAUCE

Für 2 Personen als Hauptgericht oder
für 4 Personen als Beilage

Kartoffeln von besonders kleiner Sortierung, Drillinge genannt, aber auch kleine Zwiebeln werden auf dem Markt meist gesondert angeboten. Manchmal sind sie noch nicht voll ausgereift, dennoch schmecken sie ausgezeichnet, etwa wie hier in einer Tomatensauce geschmort. Dieses einfache Rezept lässt sich mit jeder Sorte von Drillingen realisieren, nur Jersey-Royal-Kartoffeln sind nicht geeignet.

Die Kartoffeln schälen, knapp mit Wasser bedecken und etwa 8 Minuten kochen. Die teilgegarten Kartoffeln mit einer Schaumkelle herausheben und beiseitelegen. Das Kochwasser stark einkochen und ebenfalls beiseitestellen.

Das Öl in einem Topf erhitzen und die Senfsamen hineingeben. Sobald sie knistern, die Curryblätter, Kreuzkümmel und Ajowan oder die Liebstöckelsamen zugeben, kurz umrühren, dann Chilis, Knoblauch und Ingwer hinzufügen.

Sobald der Knoblauch Farbe nimmt, die Zwiebeln dazugeben und goldgelb anschwitzen. Den Tomatensaft, das eingekochte Kartoffelwasser und die gehackten Tomaten hinzufügen und die Sauce köcheln lassen, bis sie dick und sämig ist.

Die Kartoffeln unter die Sauce mischen, das Ganze nach Geschmack salzen und weitere etwa 10 Minuten köcheln lassen, bis die Kartoffeln weich sind. Die Kartoffeln abschmecken und vor dem Servieren mit Minze und Koriandergrün bestreuen.

200 g kleine Kartoffeln (Drillinge)
2 EL Sonnenblumenöl
1/2 TL schwarze Senfsamen
6–8 Curryblätter
(vorzugsweise frisch)
1 TL Kreuzkümmelsamen
1 TL Ajowan (Königskümmel)
oder Liebstöckelsamen
2 grüne Chilis, halbiert und von
Samen befreit
6 Knoblauchzehen, gehackt
20 g frischer Ingwer, gehackt
1 Zwiebel, gehackt
250 ml Tomatensaft
1–2 Tomaten, gehackt
Salz nach Geschmack
2 TL fein gehackte Minze
1 EL fein gehacktes
Koriandergrün

FOOGATH

KOHL & BOHNEN MIT KOKOS

Für 4–6 Personen

Foogath *ist mit Curryblättern und Kokosmark gegartes Gemüse. Das portugiesisches Wort »refogado« heißt »in Öl schmoren«, und ich glaube, der Begriff* Foogath *leitet sich davon ab. Oft wird das Gericht nur mit Kohl oder Bohnen zubereitet, ich kombiniere jedoch beides gern zu einer köstlichen Beilage.* Foogath *schmeckt mit knusprigen Brötchen auch fabelhaft als leichte Zwischenmahlzeit.*

Getrocknete Kokosflocken vor der Verwendung 1 Stunde in 150 ml Wasser einweichen, bis sie aufgequollen sind und die Flüssigkeit vollständig aufgesogen haben.

Den Kohl von Strunk und dicken Blattrippen befreien und in schmale Streifen schneiden. Die Bohnen an den Enden kappen und in 2,5 cm lange Stücke schneiden. Das Öl in einer Schmorpfanne oder einem Topf mit dickem Boden stark erhitzen und die Senfsamen anrösten. Sobald sie nicht mehr knistern, die Hitze auf mittlere Stufe reduzieren und die Curryblätter, den Kreuzkümmel und die Chilistücke hineingeben. Die Mischung rund 1 Minute anschwitzen, die Zwiebeln hinzufügen und weitere 3 Minuten anschwitzen lassen, jedoch nicht bräunen. Den Knoblauch unter die Zwiebeln mischen und nach 1–2 weiteren Minuten die Kurkuma und den Kohl zugeben.

Den Kohl 1–2 Minuten anschwitzen, die Kokosraspel zugeben und weitere 4–5 Minuten dünsten. Die grünen Bohnen unter das Gemüse mischen und alles noch einmal 5 Minuten garen, sodass die Bohnen noch Biss haben und leuchtend grün bleiben.

Das Gemüse mit Salz abschmecken, einige Tropfen Limettensaft und das Koriandergrün unterrühren. Den Topf von der Kochstelle nehmen und das Gemüse zugedeckt noch 4–5 Minuten ziehen lassen.

300 g Kokosnuss, frisch gerieben, oder 150 g getrocknete Kokosraspel
250–300 g Weißkohl
250 g grüne Bohnen
2 EL Sonnenblumen- oder Rapsöl
1/4 TL schwarze Senfsamen
10 Curryblätter
1/2 TL Kreuzkümmelsamen
2 ganze rote Chilis, in 1 cm große Stücke geschnitten
2 Zwiebeln, in dünne Streifen geschnitten
6–8 Knoblauchzehen, gehackt
1/4 TL gemahlene Kurkuma
Salz nach Geschmack
einige Tropfen Limettensaft
1 EL gehacktes Koriandergrün

Mark von $^1/_2$ Kokosnuss, frisch gerieben oder 100 g getrocknete Kokosraspel
20–30 Okraschoten
Salz nach Geschmack
$^1/_4$ TL gemahlene Kurkuma
2 große grüne Chilis, fein gehackt
1–2 EL gehacktes Koriandergrün
$^1/_2$ TL fein zerstoßene Koriandersamen (jedoch nicht pulverisiert)
$^1/_2$ TL fein zerstoßene Kreuzkümmelsamen (kein Pulver)
2 TL Chat Masala
3–4 EL Pflanzenöl

Dazu passt
Griechischer Joghurt

BHARELI BHINDI

GEFÜLLTE OKRASCHOTEN

Für 4 Personen

Dieses Rezept wird von Ort zu Ort sehr unterschiedlich zubereitet, und diese Version überzeugt mich vor allem als Vorspeise oder Beilage. Die Okraschoten müssen nach dem Waschen sorgfältig abgetrocknet werden, sonst sondern sie eine schleimige Substanz ab und werden klebrig. Meiden Sie dicke, samenreiche Schoten, sie werden beim Garen nicht zart.

Getrocknete Kokosraspel vor der Verwendung 1 Stunde in 100 ml Wasser einweichen, bis sie aufgequollen sind und das Wasser absorbiert haben.

Die gewaschenen und sorgfältig abgetrockneten Okraschoten der Länge nach einschneiden, jedoch nicht ganz durchschneiden und von innen mit etwas Salz und der Kurkuma würzen.

Die Kokosraspel mit den restlichen Zutaten außer dem Öl vermengen und leicht salzen. Die Mischung in die Schoten füllen, bis sie prall gefüllt sind, aber achtgeben, dass sie nicht reißen. Es macht nichts, wenn ein wenig Füllung übrig bleibt.

So viel Öl in eine Pfanne geben, dass der Boden bedeckt ist. Das Öl erhitzen und die gefüllten Okraschoten darin von allen Seiten braten, bis sie goldbraun und gar sind. Oder die Okras in eine eingeölte Form geben – mit der Füllung nach oben – mit weiterem Öl bestreichen und 15 Minuten bei 140 °C backen.

Eventuell verbliebene Füllung über das Gemüse verteilen und das Gericht mit Joghurt servieren.

CHOLE PINDI

KICHERERBSEN AUF NORDINDISCHE ART

Für 4–6 Personen (siehe Bild auf Seite 142)

Ein traditionelles Kichererbsengericht aus dem Punjab, das von Ort zu Ort und Haus zu Haus variieren kann, doch die Methode ist mehr oder weniger immer dieselbe. Im Punjab und in Pakistan wird es zu festlichen Anlässen und Feiern serviert. Liebe Damen aus dem Punjab, üben Sie Nachsicht mit meiner Version!

Getrocknete Kichererbsen einige Stunden einweichen, waschen und mit reichlich Wasser in einen Topf geben. Alles aufkochen, 10 Minuten sprudelnd kochen lassen, dann bei schwacher Hitze köcheln lassen, bis die Kichererbsen weich sind. Das dauert bis zu 1 Stunde. Am Ende der Kochzeit die Kichererbsen abgießen, abtropfen lassen und beiseitestellen.

Das Pflanzenöl in einem Topf mit dickem Boden stark erhitzen und die Kreuzkümmelsamen darin 30 Sekunden anrösten, bis sie aromatisch duften. Die Zwiebel dazugeben und in 4–5 Minuten goldgelb anschwitzen. Knoblauch, Ingwer und die grünen Chilis unterrühren und weitere 3 Minuten Farbe nehmen lassen. Zuletzt die Tomaten und den Joghurt zusammen mit den Kichererbsen unterrühren. Alles noch einige Minuten erhitzen und regelmäßig umrühren, bis die Mischung dick ist.

Das Chat oder Channa Masala oder den Zitronensaft unter das Chole Pindi rühren, das Koriandergrün unterziehen und das Ganze mit Salz abschmecken.

Das Gericht als Teil einer Thalis-Auswahl mit frisch gebackenen Chapatis oder Pooris genießen.

200 getrocknete Kichererbsen,
in Wasser eingeweicht
(oder 2 Dosen je 400 g,
abgetropft)
2–3 EL Pflanzenöl
2 TL Kreuzkümmelsamen,
zerstoßen
1 Zwiebel, fein gehackt
5–6 Knoblauchzehen,
fein gehackt
2,5 cm frischer Ingwer, gehackt
2–3 grüne Chilis, halbiert
2 Tomaten, gehackt
60 g griechischer Joghurt
1 TL Chat oder Channa Masala
oder einige Tropfen Zitronensaft
2 EL gehacktes Koriandergrün
Salz nach Geschmack

Dazu passt

Maismehl- oder Vollkorn-
Chapatis (siehe Seite 183
oder 185) oder Pooris
(Seite 180 oder 189)

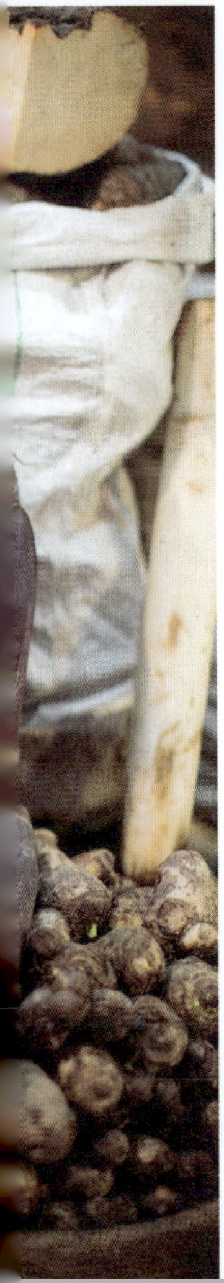

उमंग
JOY MUKERJI PRODUCTIONS'
Humsaya
EASTMANCOLOR
PRODUCED & DIRECTED BY
JOY MUKERJI
MUSIC
O. P. NAYYAR

3 Blöcke Panir je 250 g
etwas zerlassene Butter oder Öl zum Bestreichen
Pflanzenöl zum Frittieren

Für die Marinade

3–4 geh. EL Kichererbsenmehl oder Besan (nach Belieben)
6–8 Zweige Koriandergrün, grob gehackt
2–3 Zweige Minze, abgezupft
2–3 grüne Chilis ohne Samen
10 cm frischer Ingwer, grob gehackt
3–4 Knoblauchzehen
3/4 TL Garam Masala
Saft von 1/2 Limette
1/4 TL gemahlene Kurkuma
2–3 EL Sonnenblumen- oder Rapsöl (oder ein wenig von dem Frittieröl)
Salz nach Geschmack
Öl zum Braten

Dazu passt

Basmatireis oder Gemüsereis (siehe Seite 195 und 199) und warmes Naan-Brot

HARIYALI PANEER

GEGRILLTER PANIR IN GRÜNEM MASALA

Für 4–5 Personen

Das Rezept für dieses besondere Tikka *variiert wie kein anderes, und jede Mutter, jeder Profi- und Hobbykoch hält das eigene für das beste. Das behaupte ich von diesem zwar nicht, aber ich halte große Stücke darauf. Es gibt zwei Möglichkeiten der Zubereitung. Bei der einen wird der* Panir, *ein schnittfester Frischkäse, zuerst frittiert, bei der anderen wird er roh mariniert. Probieren Sie selbst, was Ihnen besser schmeckt. Guter* Panir *ist im indischen Lebensmittelhandel oder im Asia-Laden erhältlich und wird gewöhnlich in Blöcken zu 250 g angeboten. Die Marinade reicht für vier Blöcke, lässt sich aber auch in geringerer Menge herstellen. Am besten man legt den Käse bereits am Vortag ein, spätestens aber am Morgen vor einem Grillabend.*

Die Panir-Blöcke in je 6 Rechtecke schneiden. Das Frittieröl auf 180 °C erhitzen – wird ein Stückchen trockenes Brot darin binnen 30 Sekunden braun, ist es heiß genug. Eine große, halb mit warmem Wasser gefüllte Schüssel bereitstellen, in eine zweite Schüssel ein Sieb einsetzen. Den Panir portionsweise kurz frittieren, bis er goldgelb ist. Mit einer Schaumkelle herausheben, im Sieb kurz abtropfen und sofort in das Wasser legen.

Das Kichererbsenmehl in einer kleinen Pfanne bei schwacher Hitze 4–5 Minuten behutsam rösten und mit einem Holzspatel beständig rühren, bis es Farbe angenommen hat und duftet. Besan ist bereits geröstet.

Das Mehl und alle anderen Zutaten für die Marinade mit einem Schuss Wasser im Mixer oder mit dem Pürierstab zu einer glatten Paste pürieren. Die Marinade abschmecken und in einen verschließbaren Behälter füllen.

Den frittierten Panir mit Küchenpapier abtupfen. Die Scheiben einzeln zwischen beiden Händen vorsichtig, aber fest ausdrücken, in die Marinade einlegen, darin wenden und einige Stunden im Kühlschrank marinieren.

Den Rost des Backofen- oder Elektrogrills einölen und stark erhitzen. Die Panir-Stücke dicht an dicht, jedoch ohne dass sie sich berühren, darauflegen, mit etwas zerlassener Butter oder Öl bestreichen und von jeder Seite in 2–3 Minuten goldbraun grillen. Das geht besonders leicht in einem verschließbaren Grillkorb. Den Panir nicht direkt über der heißen Glut auf den Rost legen, da er leicht festklebt.

Den gegrillten Panir nach Geschmack mit Limettensaft beträufeln und mit Reis oder Naan-Brot servieren.

PANEER BHURJEE

PIKANTE PANIR-PFANNE

Für 4 Personen

Bhurjee *ist ein Pfannengericht aus durch den Fleischwolf getriebenen oder fein gehackten Zutaten wie* Panir, *Eiern oder Hähnchen. Es ist ein schnelles, schmackhaftes Essen für jede Tageszeit, das sich mit einem festen* Panir, *zerkrümeltem Feta oder fein gehackten Halloumi zubereiten lässt.*

2 EL Sonnenblumen- oder Rapsöl
1 EL gehackter Knoblauch
1 EL gehackter frischer Ingwer
1–2 grüne Chilis, entkernt und gehackt
1–2 TL Kreuzkümmelsamen, zerstoßen
2 kleine Zwiebeln, gehackt
1/4 TL gemahlene Kurkuma
1/2 TL Chilipulver
2 Tomaten, entkernt und gehackt
400 g Panir, durchgedreht oder ganz fein gehackt
Salz nach Geschmack
1 1/2 EL gehacktes Koriandergrün
1/2 TL Chat Masala

Dazu passt

Chapatis (siehe Seite 183 und 185) oder Naan-Brot oder Erbsen-Pulao und süßes Chutney

Das Öl in einem Schmortopf oder einer Pfanne mit dickem Boden auf mittlerer Stufe erhitzen und den Knoblauch, den Ingwer und die Chilis hineingeben. Sobald der Knoblauch Farbe zu nehmen beginnt, den Kreuzkümmel einstreuen und etwa 30 Sekunden unter Rühren braten, bis er aromatisch duftet. Die Zwiebeln zugeben und 5 Minuten anschwitzen, bis sie goldgelb und weich sind.

Kurkuma und Chilipulver unterrühren, die Hitze etwas erhöhen und die Tomaten hinzufügen. Die Mischung weitere 2–3 Minuten unter Rühren braten, bis der Saft der Tomaten fast verkocht ist. Dabei darauf achten, dass nichts anbrennt.

Die Hitze wieder auf mittlere Stufe reduzieren, vorsichtig den Panir unter die Würzmischung ziehen und noch ein wenig weiter garen, bis der Käse heiß und die Masse fast trocken ist.

Das Koriandergrün unterrühren, das Ganze mit Salz abschmecken, mit dem Chat Masala bestreuen und mit Chapatis oder anderem Brot oder mit einem Erbsen-Pulao und süßem Chutney servieren.

Tadka Daal

Geröstete Linsen

Für 4 Personen

(siehe Bild auf Seite 142)

Daal, *eine Art dicker Eintopf aus Hülsenfrüchten, ist für einen Großteil der indischen Bevölkerung Hauptnahrungsmittel. Tatsächlich wird in 75 bis 80 Prozent der indischen Haushalte täglich* Daal *zubereitet!* Daal *können sich selbst die Ärmsten leisten, ist gesund und macht satt. Es gibt Hunderte von* Daal-*Rezepten und dieses ist das wohl beliebteste. Man kann mit den Gewürzen für die* Tadka-*Garnitur zur geschmacklichen Abwechslung auch einen Löffel schwarze Senfsamen und rohes* Chana Daal *(geschälte, halbierte Kichererbsen) mitrösten. Probieren Sie es aus.*

250 g rote Linsen (Masoor Daal)
250 g gelbe Linsen (Toor Daal)
1 TL gemahlene Kurkuma
50 g Butter
100 ml Sonnenblumen- oder Rapsöl
1 TL Kreuzkümmelsamen
2 grüne Chilis, längs halbiert
1–2 getrocknete rote Chilis, zerbröselt
5–6 Knoblauchzehen
1 große Prise gemahlener Asant
Salz nach Geschmack

Beide Linsensorten in einer großen Schüssel vermengen und mit reichlich kaltem Wasser gründlich waschen. Beständig durchrühren und das Wasser mehrmals erneuern, bis es fast klar bleibt. Nun die gewaschenen Linsen in reichlich frischem kaltem Wasser 5–6 Stunden einweichen.

Die Linsen samt Einweichwasser und Kurkuma mit etwas Salz in einen hohen Topf füllen und etwa 4 cm hoch mit Wasser bedecken, aufkochen und unter häufigem Umrühren köcheln lassen. Falls nötig, abschäumen. Wenn sich kein Schaum mehr bildet, die Butter dazugeben und die Linsen in etwa 25 Minuten sehr weich kochen.

Das Öl in einer hohen Pfanne oder einem Wok erhitzen, Kreuzkümmel, Chilis und Knoblauch hineingeben und unter Rühren anrösten, bis der Knoblauch goldgelb ist. Den Asant unter die Gewürzmischung rühren, das Ganze über die Linsen gießen und sorgfältig unterrühren. Das Daal mit Salz abschmecken und sofort servieren oder rasch herunterkühlen und im Kühlschrank aufbewahren. Beim Wiedererwärmen etwas Wasser zugeben.

1 Bund grüner Spargel (etwa 350 g)
100 g gelbe Spalterbsen
1–2 EL Sonnenblumen- oder Rapsöl
1/2 TL schwarze Senfsamen
1/2 TL Kreuzkümmelsamen
2 EL frisch geriebenes Kokosmark oder getrocknete Kokosraspel
6–8 Curryblätter (vorzugsweise frisch), in feine Streifen geschnitten
Salz nach Geschmack

ASPARAGUS PORIYAL

SPARGEL MIT ERBSEN UND KOKOSMARK

Für 4 Personen

Ein ebenso einfaches wie schmackhaftes Gericht, das das Beste aus der kurzen Spargelsaison herausholt. In der spargellosen Zeit gelingt es auch gut mit Winterkürbis, Steckrüben und anderen Rüben oder mit Kohlrabi.

Die Spalterbsen in reichlich kaltem Wasser über Nacht einweichen, abgießen, gründlich abspülen und abtropfen lassen.

Die Spargelstangen am unteren Ende um etwa 6 cm kürzen und die Stücke für eine Suppe verwenden. Den restlichen Spargel in 2,5 cm lange Stücke schneiden.

Das Öl in einer Pfanne mit dickem Boden kräftig erhitzen. Die Hitze reduzieren, die Senfsamen ins Öl geben und zugedeckt braten, bis das Knistern und Knacken aufhört. Sofort die Kreuzkümmelsamen hinzufügen, einige Sekunden umrühren, dann die Spalterbsen dazugeben und anschwitzen, bis sie gleichmäßig mit Öl überzogen sind und nicht mehr kleben.

Das geriebene Kokosmark und die Curryblätter zugeben und mit einem Holzspatel rühren und schaben, bis das Kokosmark zu duften beginnt. Nun die Spargelstücke hinzufügen, nach Geschmack salzen und 2–3 Minuten garen. Guter grüner Spargel ist innerhalb kurzer Zeit zart und muss im Grunde lediglich durch und durch erhitzt werden. Sofort servieren.

MASALA NA PAPETA

PIKANTE RÖSTKARTOFFELN

Für 4 Personen

Die Vorliebe der Parsen für Kartoffeln hat eine Fülle von Kartoffelgerichten hervorgebracht, seien es eigenständige Gerichte oder Beilagen zu Fleisch oder anderen Gemüsezubereitungen. In meinen Augen beherrschen Pervin und meine Schwiegermutter dieses Gericht am besten. In unserer Familie gehört es zu den Leibgerichten. Es schmeckt köstlich als Beilage zu Fleisch, Geflügel und gebratenem Fisch.

Die Kartoffeln in einem Topf nur eben mit Wasser bedecken, aufkochen lassen, 5–6 Minuten kochen, abgießen und abtropfen.

Das Öl in einer großen Pfanne erhitzen und die Kreuzkümmelsamen darin etwa 30 Sekunden rösten, bis sie aromatisch duften. Die Kurkuma, das Chilipulver und zuletzt die Kartoffeln dazugeben, die Hitze reduzieren und die Pfanne zudecken. Die Kartoffeln behutsam braten und hin und wieder wenden, bis sie weich, jedoch nicht zerfallen sind.

Die Röstkartoffeln mit Zitronensaft und Salz abschmecken und heiß servieren.

4 große Kartoffeln, geschält und gewürfelt
4 EL Sonnenblumen- oder Rapsöl
1 TL Kreuzkümmelsamen
$^1/_2$ TL gemahlene Kurkuma
1 TL Chilipulver
2 TL Zitronensaft
Salz nach Geschmack

MH02UA7127

PHOOL GOBI AUR MAKKI KAY DANEY

BLUMENKOHLRÖSCHEN UND MAIS

Für 4 Personen

*In Rajasthan werden zu dieser leichten Zwischenmahlzeit – und zu vielen anderen Gerichten – weiche Mais-Chapatis als Ersatz für Weizen-*Chapatis *serviert. In Nordindien, wo viel Mais angebaut wird, gibt es zahlreiche Maisbrotsorten, darunter knusprige Mais-*Papadams. *Um die Körner von frischen Maiskolben abzulösen, werden zunächst die Hüllblätter abgezogen und die Basis gekappt. Anschließend stellt man den Kolben aufrecht auf ein Brett, hält ihn gut fest und schneidet mit einem scharfen Messer nach und nach die Maiskörner ab. Pro Kolben sollten etwa 100 g Maiskörner herauskommen.*

Die Kreuzkümmel- und Koriandersamen in einer Pfanne etwa 30 Sekunden rösten, bis sie aromatisch duften. Im Mörser zermahlen und beiseitestellen.

Das Öl in einem Wok oder einer hohen Pfanne erhitzen und die Zwiebel darin 2–3 Minuten bei mittlerer Hitze anschwitzen, bis sie eben Farbe anzunehmen beginnt. Die Ingwer-Knoblauch-Paste und die Chilis zugeben und weitere 2 Minuten Farbe nehmen lassen. Den zerstoßenen Koriander und Kreuzkümmel unterrühren, nach 1–2 Minuten die Maiskörner dazugeben und ebenfalls 1 Minute anschwitzen.

Die Blumenkohlröschen zu den Gewürzen geben und 4–5 Minuten unter Rühren braten. Mit 120 ml Wasser ablöschen, das Ganze salzen und köcheln lassen, bis der Blumenkohl gar, aber noch bissfest.

Die Tomaten zum Blumenkohl geben und in 1–2 Minuten weich werden lassen.

Sobald der Blumenkohl die gewünschte Konsistenz hat, den Joghurt in einer Schüssel mit einer Gabel oder einem kleinen Schneebesen glatt rühren, unter das Gemüse mengen und alles noch 4–5 Minuten köcheln lassen, bis sich eine cremige Sauce gebildet hat. Zuletzt das Koriandergrün unterrühren, das Gemüse abschmecken und mit Mais-Chapatis oder als Beilage servieren.

1 TL Kreuzkümmelsamen
2 TL Koriandersamen
3 EL Sonnenblumen- oder Rapsöl
1 Zwiebel, gehackt
1 EL Ingwer-Knoblauch-Paste (siehe Seite 157)
2 grüne Chilis, entkernt und gehackt
200 g frische junge oder tiefgefrorene Maiskörner
1 kleiner Blumenkohl, in kleine Röschen zerteilt
Salz nach Geschmack
2 Tomaten, gehackt
3–4 EL griechischer Joghurt
2 EL gehacktes Koriandergrün

Dazu passt

Mais-Chapatis

500 g griechischer Joghurt
2 EL Sonnenblumen- oder Rapsöl
½ TL schwarze Senfsamen
10–15 Curryblätter (vorzugsweise frisch)
1 TL Kreuzkümmelsamen
¼ TL gemahlener Asant
3 EL Kichererbsenmehl oder Besan, gesiebt
½ TL gemahlene Kurkuma
2–3 grüne Chilis, halbiert und entkernt
1 EL Zucker
Salz nach Geschmack
1 EL gehacktes Koriandergrün

Dazu passt

Basmatireis (siehe Seite 195) oder Khichdi (siehe Seite 200)

Im Uhrzeigersinn: Naan, Geröstete Linsen (Seite 133), Gurken-Raita, Kichererbsen auf nordindische Art (Seite 126), Basmatireis (Seite 195), Pikante Zwiebel-Bhaji (Seite 163)
Mitte: Joghurtcurry

DAHI NI KADHI

JOGHURTCURRY

Für 6 Personen

Dies ist ein einfaches Kadhi*, wie es meine Mutter zuzubereiten pflegte. Allerdings wird dieses Gericht in jeder Region Indiens ein wenig anders zubereitet. Obwohl es in seiner Schlichtheit eigentlich perfekt ist, lässt es sich auch durch mannigfaltige Zutaten variieren, die in dem Curry gegart werden und für mehr Komplexität sorgen, zum Beispiel dünn geschnittene frittierte Okraschoten oder Auberginenwürfel, kleine Blumenkohl- oder Zwiebelkrapfen (Seite 163), dicke rohe Bananenscheiben oder gebratene Kochbananen. Man kann es sogar heiß zum Essen trinken.*

Den Joghurt in einer Schüssel glatt rühren und beiseitestellen.

Das Öl in einem Topf mit dickem Boden kräftig erhitzen und die Senfsamen darin anrösten. Sobald sie nicht mehr knistern und knacken, die Curryblätter und den Kreuzkümmel dazugeben. Alles bei mittlerer Hitze 1 Minute unter Rühren braten, aber darauf achten, dass der Kreuzkümmel nicht verbrennt. Den Asant unter die Gewürzmischung rühren. Den Topf von der Kochstelle nehmen und nach und nach das Kichererbsenmehl einstreuen. Dabei beständig umrühren, damit sich keine Klumpen bilden, und das Mehl bei schwacher Hitze unter ständigem Rühren mit einem Holzspatel anschwitzen, bis es geschmeidig wird.

Die Kurkuma und die Chilis zur Mehlschwitze geben und alles weitere 1–2 Minuten unter Rühren anschwitzen, dann von der Kochstelle nehmen, einige Minuten abkühlen lassen und den Joghurt hineingeben und gleichmäßig unterrühren. Die Joghurtmasse mit 150 ml Wasser verdünnen und bei mittlerer Hitze aufkochen. Das Curry mit Zucker und Salz abschmecken. Es sollte eine säuerliche Note haben und zugleich süß und würzig schmecken.

Das Curry unter ständigem Rühren einige Minuten kochen lassen, bis es die Konsistenz von Rahmsuppe hat. Das Koriandergrün unterrühren und das Curry mit Reis oder Khichdi servieren.

STRASSENKÜCHE

Wenn eine indische Stadt die Straßenküche des Subkontinents in ihrer fantastischen Vielfalt widerspiegelt, dann Bombay. Von den Ärmsten der Armen bis zu den Reichen und Berühmten erfreuen sich alle an den Genüssen, die sie bietet.

Man mag sich wundern, dass ein berühmtes Lokal wie das *Bade Miya*, dessen legendäres *Baida Roti* (Seite 148) die Leute begeistert, seit ich 1975 im *Taj* meine Laufbahn begann, selbst die Superreichen in ihren protzigen Rolls Royce und schnittigen Ferraris anlockt, um sich am Eingang mit den Armen und uns Genussmenschen um den Einlass zu drängen. Bringt es eine Saftbar wegen einer gelungenen Cocktailkreation zu Bekanntheit, kann man sicher sein, dass sich bis in die frühen Morgenstunden lange Autoschlangen davor bilden.

Oder nehmen wir das Restaurant *Good Luck*, das in der Nähe unseres Hauses liegt und das ich besuche, seit ich das erste Taschengeld bekam – bis heute. Jedes Mal, wenn wir in Bombay sind, schauen wir vorbei, um unseren Appetit auf ihr *Kheema Ghotala* (Seite 157) zu stillen, was frei übersetzt »verwirrtes Hackfleisch« heißt. Das Lokal hat sich kaum verändert, und trotz Smartphones und Hightech-Geräten hat auch die Küche nichts von ihrer Popularität eingebüßt.

Beim legendären Bombay-Straßensandwich (siehe Seite 158–159) schwört jeder auf seine spezielle Lieblingsadresse, und nicht wenige legen 70 Kilometer für ein 20-Rupien-Sandwich von einem ganz bestimmten Anbieter zurück – so verrückt und enthusiastisch sind die Menschen, wenn es ums Essen geht! Eine schmackhafte Mahlzeit kostet nur ein paar Münzen und lohnt eine Fahrt ans andere Ende der Stadt. In unseren wilden Jahren fuhren wir mit 20 Leuten auf Motorrädern mehr als 150 Kilometer hinaus aus Bombay, nur um an einer kleinen Imbissbude am Straßenrand ein berühmtes *Biryani* zu essen – völlig verrückt, wenn man bedenkt, dass wir nach dem schweren Essen wieder zurückfahren mussten.

Auch heute legen die Menschen in Bombay weite Wege zurück, um das berühmte *Zwiebel-Bhajias* von Herrn Sowieso oder ein *Fisch-Koliwada* von Frau XY, ein *Bhael Poori* von diesem Imbiss oder ein *Vada Pao* von jener Bude zu erstehen. Das ist echte Leidenschaft für den kulinarischen Genuss.

Zur Straßenküche gehörte auch der obligatorische Besuch einer der vielen »Booze Aunties« (Schnapstanten)! Jeder von uns kannte mindestens zwei oder drei Adressen, wo man zu jeder Zeit Alkohol bekam. Aunty Josephine, Aunty Mary und Aunty Cecilia hießen sie, doch ihre Gesichter bekamen wir nie zu sehen. Geld und kleine Flaschen wechselten durch einen Vorhang Besitzer. Eine Hand kam dahinter hervor und nahm das Geld entgegen. Öffnete sich der Vorhang erneut einen Spalt, wurden das Wechselgeld und die Ware herausgereicht. Wir alle wussten ja ein gelegentliches Schlückchen zu schätzen!

Egal wonach es Sie gelüstet oder wie viel Geld Sie ausgeben möchten, Bombay wird Sie begeistern, verblüffen, verzaubern und faszinieren, wenn Sie sich auf das kulinarische Abenteuer dieser Stadt einlassen. Versprochen!

Baida Roti

Mit Ei gefüllte Roti

Für 5–8 Personen

Baida *ist das Wort für Ei, und* Roti *ist natürlich das berühmte ungesäuerte Fladenbrot. Diese in der Pfanne gebackene, zusammengeklappte Version ähnelt dem* Chapati *und lässt sich mit Verschiedenerlei füllen – ein beliebter Straßensnack, der in vielen Gegenden der Stadt angeboten wird, ursprünglich aber aus dem berühmten Speiselokal* Bade Miya *stammt. Es befindet sich in Colaba in einer Seitenstraße hinter dem Hotel* Taj Mahal*. Es eröffnete, kurz nachdem ich im Taj zu arbeiten begonnen habe, und ist zu einer Institution in Bombay geworden. Die zur Straße verkauften* Kebabs *und* Baida Roti *ziehen die Einheimischen zu Tausenden an, aber auch Besucher und Touristen verlangt es oft nach einer Kostprobe. Das* Bade Miya *ist nur abends geöffnet. Dies ist zwar nicht das Originalrezept, vermittelt aber einen Eindruck dessen, was Sie dort erwartet. Passen Sie die Chilimenge ruhig Ihrer persönlichen Schmerzgrenze an. Sie können auch fertige Weizentortillas oder* Chapatis *verwenden, aber backen Sie diese simplen* Rotis *ruhig einmal selbst.*

Für den Roti-Teig Mehl, Salz und Backpulver in eine Schüssel sieben. In die Mitte eine Mulde eindrücken, das Ei hineinschlagen, das Öl dazugießen und alles nach und nach mit dem Mehl vermengen. So viel Wasser einarbeiten, dass ein weicher, jedoch nicht klebriger Teig entsteht. Den Teig glatt kneten, zu 5 bis 8 gleich großen Bällchen formen, mit einem feuchten Tuch bedecken und etwa 1 Stunde ruhen lassen.

Inzwischen die Füllung zubereiten. Das Öl in einer Pfanne erhitzen und die Zwiebeln darin in 5 Minuten goldgelb anschwitzen. Ingwer, Knoblauch und die grünen Chilis dazugeben und ebenfalls etwas Farbe nehmen lassen. Das Hackfleisch hinzufügen und bei mittlerer Hitze unter Rühren krümelig braten. Das Garam Masala und die Kräuter unter die Hackfleischmasse rühren und diese mit Salz abschmecken.

Die Eier mit 1 Prise Salz verschlagen. Die Teigbällchen zu dünnen quadratischen Fladen ausrollen. Die Hackmasse in ebenso viele Portionen teilen wie den Teig.

Eine beschichtete Pfanne erhitzen und einen Teigfladen einlegen. Eine Portion der Füllung in die Mitte geben, etwas verteilen und mit 2 Esslöffeln des verschlagenen Eis überziehen. Die Teigecken so über die Füllung schlagen, dass ein quadratisches Paket entsteht, das Hackfleisch und Ei vollständig umschließt. Noch 1 Esslöffel Ei auf die Teigtasche geben. Etwas zusätzliches Öl in die Pfanne geben, das Paket vorsichtig umdrehen und mit weiterem Ei überziehen, sodass es rundherum mit Ei bedeckt ist. Die Teigtasche bei schwacher Hitze behutsam braten, bis sie goldbraun und knusprig ist, dann aus der Pfanne heben und bis zum Servieren warm stellen. Die restlichen Teigtaschen ebenso zubereiten.

Die Baida Rotis heiß mit grünem Chutney servieren oder auch mit Ketchup, wie wir Bombaywallas sie gern essen.

Für die Rotis
250 g Mehl
$^1/_2$ TL Salz
$^1/_4$ TL Backpulver
1 Ei
1 EL Pflanzenöl

Für die Füllung
2 EL Pflanzenöl
2 kleine Zwiebeln, fein gehackt
7,5 cm frischer Ingwer, fein gehackt
4–6 Knoblauchzehen, fein gehackt
2 grüne Chilis, entkernt und gehackt
400 g mageres Lammhack
1 TL Garam Masala
etwas Salz
2 EL gehacktes Koriandergrün
1 EL gehackte Minze
6–8 Eier, verschlagen
reichlich Pflanzenöl zum Braten

Dazu passt
Grünes Chutney (siehe Seite 215)
oder Ketchup

Für die Füllung
2 EL Sonnenblumen- oder Rapsöl
500 g mageres Lammfleisch, in 1 cm kleine Würfel geschnitten
2 Zwiebeln, sehr fein gehackt
2 EL Ingwer-Knoblauch-Paste (siehe Seite 157)
1 EL gemahlener Koriander
1 TL gemahlener Kreuzkümmel
1 EL rote Chilipaste
Salz nach Geschmack
75 g griechischer Joghurt
1–2 Tomaten, gehackt
1 EL Zitronensaft
1 EL gehackte Minze
2 EL gehacktes Koriandergrün
1 TL Garam Masala

Für das Eier-Roti
2 Eier
etwas Salz
Chilipulver (nach Belieben)
Ghee oder Butterschmalz zum Braten
6 Weizentortillas oder Chapatis
1–2 Zwiebeln, in feine Streifen geschnitten
2 TL gehacktes Koriandergrün
12–18 Blätter Minze, in Streifen geschnitten

MUMBAI NO FRANKIE

BOMBAY LAMM-WRAP

Für 3–6 Personen

Diese Wraps waren einmal Bombays nichtvegetarischer Bestseller unter den Straßensnacks, bis sie von trendigem amerikanischem Junk-Food abgelöst wurden, doch steht dieses gefüllte und aufgerollte Chapati *nach wie vor hoch im Kurs. Eier-*Roti *und Fleisch kann man getrennt als Teil eines Hauptgangs essen oder, wie hier, zu einem Snack für unterwegs zusammenfügen.*

Rote Chilipaste lässt sich ganz leicht selbst herstellen: Getrocknete rote Chilis in etwas Wasser quellen lassen. Anschließend in Stücke schneiden und in einer Moulinette oder im Mixer zermahlen. Die Masse in ein Glas füllen, mit einer dünnen Schicht Sonnenblumenöl bedecken und fest verschlossen im Kühlschrank lagern.

Für die Füllung das Öl in einem Schmortopf oder einem Topf mit dickem Boden stark erhitzen und das Fleisch darin rasch von allen Seiten braun anbraten. Zwiebeln, Ingwer-Knoblauch-Paste, Koriander, Kreuzkümmel und Chilipaste zum Fleisch geben und alles weiter braten, bis Zwiebeln und Masala gut gebräunt sind. Dabei immer wieder mit einem flachen Holzspatel den Bratensatz vom Topfboden losrühren, damit er nicht anbrennt. Mit etwas Wasser ablöschen, salzen und bei schwacher Hitze zugedeckt 30 Minuten sanft schmoren.

Den Joghurt und die Tomaten unter das Fleisch rühren und alles zugedeckt weitere etwa 30 Minuten garen, bis das Fleisch zart und die Sauce sämig ist. Am Ende der Garzeit Zitronensaft, Minze, Koriandergrün und Garam Masala unter das Ragout rühren, noch einmal abschmecken und zugedeckt beiseitestellen. An der Oberfläche absetzendes Fett abschöpfen.

Für das Eier-Roti die Eier mit 2 Esslöffeln Wasser, etwas Salz und 1 Prise Chilipulver gründlich verschlagen. In einer Brat- oder Grillpfanne wenig Ghee oder Butterschmalz auf mittlerer Stufe erhitzen und gleichmäßig verlaufen zerlassen. Das Fett sollte den Pfannenboden nur dünn überziehen. Eine Tortilla oder ein Chapati einlegen und mit so viel Ei übergießen, dass die Oberfläche gerade bedeckt ist. Sobald das Ei gestockt ist, den Fladen wenden, wiederum mit Ei überziehen und nach dem Stocken erneut wenden.

Den *Frankie* auf diese Weise von beiden Seiten braun braten und warm stellen. Die Pfanne auswischen, erneut Fett erhitzen und die restlichen Tortillas oder Chapatis in gleicher Weise backen.

Auf jeweils eine Hälfte der Eier-Rotis reichlich 1 Esslöffel der Lammfüllung verteilen und mit Zwiebelstreifen, Koriandergrün und Minze garnieren. Den *Frankie* aufrollen und sofort servieren.

100 g Chana Daal (geschälte, gespaltene Kicherebsen)
1 große mehligkochende Kartoffel
15–20 junge Spinatblätter
1 cm frischer Ingwer, grob gehackt
3 Knoblauchzehen
10 Blätter Minze
100 g Panir
1 kleine rote Zwiebel, gerieben oder fein gehackt
1 EL gehacktes Koriandergrün
1 kleiner grüner Chili, nach Belieben von Samen befreit und fein gehackt
$^1/_2$ TL gemahlener Kreuzkümmel
1 TL Limettensaft
$^1/_2$ TL Chat Masala
etwas Kichererbsenmehl oder Besan
Salz und grob zerstoßener schwarzer Pfeffer
reichlich Pflanzenöl zum Frittieren

Dazu passt
Tomatenscheiben oder Grünes Chutney (siehe Seite 215)

ALOO PANEER AUR CHANNA PAKORA

INDISCHE KÄSEKROKETTEN MIT KARTOFFELN UND CHANA DAAL

Ergibt 40–50 Stück

Ein interessanter kleiner Straßensnack aus nahrhaftem Chana Daal *(geschälte, gespaltene Kichererbsen), ideal als Vorspeise, mittäglicher Imbiss oder zum Nachmittagstee.* Chat Masala *ist in vielen asiatischen Lebensmittelgeschäften und im Internet erhältlich. Wer keinen* Panir *bekommt, kann sich mit* Halloumi *oder* Feta *behelfen, die allerdings etwas salziger sind. Ebenfalls gut geeignete Käsesorten sind kräftiger* Cheddar *und* Red Leicester.

Chana Daal einige Stunden, am besten über Nacht, in reichlich kaltem Wasser einweichen, abgießen und gut abtropfen lassen. Die Kartoffel kochen, schälen und zerstampfen. Die Spinatblätter waschen, trockenschütteln und in feine Streifen schneiden.

Ingwer, Knoblauch und Minze im Mixer oder mit dem Pürierstab zerkleinern, bis die Mischung die Konsistenz von groben Semmelbröseln hat. Den Panir dazugeben und erneut zerkleinern. Die Masse in eine Schüssel umfüllen und die zerstampfte Kartoffel, die gehackte Zwiebel sowie Koriandergrün, Chili, Kreuzkümmel, Limettensaft und Chat Masala unterrühren. Alles sorgfältig vermengen und löffelweise etwas Kichererbsenmehl einarbeiten, bis die Masse glatt und geschmeidig ist. Zuletzt den fein geschnittenen Spinat behutsam untermischen und mit etwas Salz und grob zerstoßenem schwarzem Pfeffer würzen.

Das Frittieröl erhitzen, ein wenig von der Masse hineingeben, goldbraun frittieren und auf Küchenpapier abtropfen lassen. Das Probestück kosten und die Daal-Masse nach Belieben nachwürzen.

Die übrige Masse zu 40–50 Bällchen formen, portionsweise goldbraun frittieren und auf Küchenpapier abtropfen. Vor jedem Frittiergang das Öl kurz wieder erhitzen. Die fertigen Bällchen solange warm stellen und mit frischen Tomaten oder Grünem Chutney servieren.

Pani

hindustantimes
hindustantimes

Puri
Sev Puri
Dahi Puri Ragada Patice

½ TL gemahlene Kurkuma
1 TL Chilipulver
2 TL gemahlener Koriander
1 TL gemahlener Kreuzkümmel
1 TL Garam Masala
3 EL Pflanzen- oder Rapsöl
2 EL Ingwer-Knoblauch-Paste (siehe Tipp)
4–5 grüne Chilis, entkernt und gehackt
2 Zwiebeln gehackt
500 g Lamm- oder Ziegenhack
1 EL gehacktes Koriandergrün
1 EL gehackte Minze
Salz nach Geschmack
Saft von ½ Limette
4 Eier, verschlagen

KHEEMA GHOTALA

LAMMHACK MIT CURRY UND RÜHREI

Für 4–6 Personen

Es wäre kaum möglich, ein Buch über Bombays großartige Esskultur zu schreiben, ohne ein Kheema-*Gericht darin aufzunehmen, ob man es nun mit Brötchen, Brot oder* Chapatis *genießt oder mit Kartoffelpüree als Cottage Pie überbackt. Sie können auch einige gehackte Tomaten oder drei Esslöffel Ketchup unter das Hackfleisch mengen. Oder Sie probieren unseren ganz speziellen Frühstücksklassiker* Kheema Ghotala. *Hackfleisch zum Frühstück mag merkwürdig klingen, aber in Bombay ist es durchaus üblich. Der Schärfegrad variiert, wir geben gern grünen Chili dazu, den man anschließend wieder herausnehmen kann, doch der Geschmack bleibt. Übrigens sei noch einmal darauf hingewiesen, dass in Indien Lamm-, Hammel- und Ziegenfleisch unterschiedslos als »Mutton« bezeichnet wird.*

Die Gewürze in einer kleinen Schüssel mit 200 ml Wasser verrühren und zugedeckt beiseitestellen.

Das Öl in einem schweren Topf erhitzen und die Ingwer-Knoblauch-Paste sowie die grünen Chilis darin anschwitzen; mit einem Holzspatel gut umrühren, damit die Mischung nicht ansetzt. Sobald die Paste etwas Farbe annimmt und duftet, die Zwiebeln dazugeben und bei mittlerer Hitze goldgelb anschwitzen. Den Bratensatz mit etwas Wasser loskochen und die Zwiebeln bei schwacher bis mäßiger Hitze weiter sanft schmoren, bis sie ganz weich und fast zerfallen sind. Nach Bedarf noch etwas Wasser dazugeben.

Sobald die Zwiebeln weich sind, die eingeweichten Gewürze dazugießen. Das Ganze aufkochen und einige Minuten köcheln lassen. Dann den Topf von der Kochstelle nehmen, das Hackfleisch hineingeben, mit dem Spatel möglichst fein zerteilen und sorgfältig unter das Masala mengen. Die Hackfleischmischung aufkochen und unter regelmäßigem Umrühren schmoren, bis das Hackfleisch durchgegart und klumpenfrei ist. Zuletzt die Kräuter unterrühren und das Ganze mit Salz und Linettensaft abschmecken.

Das Kheema servieren oder zum Ghotala weiterverarbeiten, was so viel wie »Durcheinander« bedeutet. Dazu die verschlagenen Eier in das Kheema gießen und bedächtig umrühren, bis es sämig wird und leicht gestockt ist. Keinesfalls aufkochen, sonst flockt es aus und wird trocken. Wir mögen es am liebsten cremig-zart auf einem weichen Frühstücksbrötchen. Manche lassen das Ei auch ohne zu rühren wie ein Omelett stocken – so oder so schmeckt es fabelhaft, Sie werden es mögen!

Tipp: Wenn Sie häufig indisch kochen, sollten Sie einen kleinen Vorrat an Ingwer-Knoblauch-Paste anlegen. Einfach ein großes Stück frische Ingwerwurzel und die gleiche Menge Knoblauchzehen schälen und mit einem Spritzer Wasser im Mixer oder mit dem Pürierstab zu einer glatten Paste verarbeiten. Diese in ein sauberes Glas füllen und mit einer dünnen Schicht Sonnenblumen- oder Rapsöl luftdicht versiegeln. Fest verschließen und kühl lagern. Nach jeder Entnahme die Ölschicht erneuern.

VEGETABLE SANDWICH

DAS EINMALIGE BOMBAY-STRASSENSANDWICH

Ergibt 4 Sandwiches

Das nenne ich ein Sandwich und das Rezept dafür variiert von Stand zu Stand. Man bekommt es ungetoastet, getoastet, geröstet oder gegrillt, ganz wie der Kunde will. In Bombay konnte man sogar die Butter wählen. Die eine war ein margarineähnlicher, homogenisierter Aufstrich, Rita Butter genannt, und die andere – logisch – richtige Butter.

Für den Belag kommt alles Mögliche infrage, diese hier ist unsere liebste Kombination. Ein Wort zu den Zwiebeln: Wir Inder lieben sie roh, im Westen jedoch schrecken viele vor der »Zwiebelfahne« zurück, die uns Inder herzlich wenig kümmert. Sie dürfen sich also mit weniger Zwiebeln zufriedengeben als angegeben. Die Rote Bete ist kein Muss, sorgt aber für eine hübsche Farbe, knackigen Biss und zusätzlichen Geschmack.

Das typische Brot in Bombay ist ebenfalls ein Markenzeichen für dieses Sandwich. Es hat ein spezielles Format und ist etwas kleiner als die europäischen Brote. Die beste Alternative ist mittelgroßes Sandwich- oder Kastenbrot. Man kann das Brot auch vor dem Belegen toasten, doch belegt getoastet wird der Geschmack intensiver und vollmundiger.

Sämtliche Zutaten für das Masala in einer kleinen Schale vermengen und in einen Salz- oder Pfefferstreuer füllen.

Für das Chutney sämtliche Zutaten im Mixer pürieren.

Für die Sandwiches die Kartoffeln kochen, schälen und in Scheiben schneiden. Die Rote Bete, die Salatgurke und die Tomaten ebenfalls in Scheiben schneiden. Die roten Zwiebeln schälen und in Ringe schneiden.

Die Brotscheiben zuerst mit Butter, dann mit dem scharfen Minzchutney bestreichen. 4 Scheiben mit Roter Bete und Kartoffelscheiben belegen und je eine weitere Brotscheibe darauflegen. Diese mit etwas Masala bestreuen und dann die Zwiebelringe, Tomaten und Gurken daraufschichten. Mit weiterem Masala bestreuen und die Deckelscheibe auflegen.

Die Sandwiches etwas andrücken, vierteln und servieren oder im Sandwichtoaster, unter dem Backofengrill oder in einer Grillpfanne rösten und heiß mit Ketchup servieren.

Für eine weniger scharfe Variante das Masala weglassen oder nur ein wenig über das fertige Sandwich streuen.

Für das Masala
1 TL Salz
$^1/_2$ TL Chilipulver
1 TL getrocknetes Mangopulver
$^1/_2$ TL Kreuzkümmelsamen, geröstet und zerstoßen

Für das Chutney
3–4 Zweige Minze, abgezupft
4–5 Zweige Koriandergrün
1 dünner grüner Chili, entkernt und gehackt
2 TL extrafeiner Zucker
$^3/_4$ TL Kreuzkümmelsamen, geröstet und zerstoßen
Salz nach Geschmack
Saft von $^1/_2$ Limette

Für das Sandwich
2 große festkochende Kartoffeln
1 gegarte Rote Bete
1 kleine Salatgurke
3–4 große Tomaten
2 rote Zwiebeln
12 mittelgroße Scheiben Weißbrot
Butter

Dazu passt
Ketchup, falls die Sandwiches getoastet werden

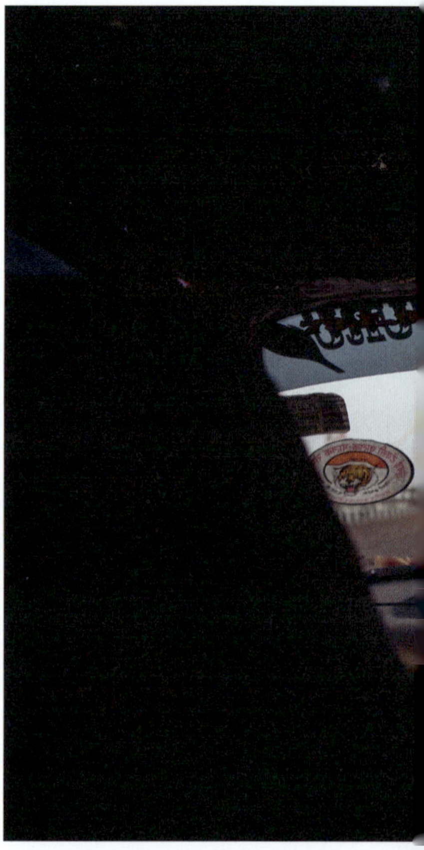

Ayaz's
THE KABAB PLACE SINCE 1981
z's
SINCE 19
ELIVERY
Shop No. 4,
Church,
400 050

2 Zwiebeln
2 grüne Chilis, fein gehackt
1 TL Chilipulver
2 EL gehacktes Koriandergrün
1 TL Kreuzkümmelsamen, grob zerstoßen
1/2 TL Ajowan, zerstoßen
1/2 TL gemahlene Kurkuma
1/2 TL Zitronensaft
40 g Kichererbsenmehl oder Besan
1/2 TL Salz (oder nach Geschmack)
2 EL Wasser
Pflanzenöl zum Frittieren

Dazu passt

Irgendeines der frisch zubereiteten Chutneys auf Seite 212–219

KAANDA BHAJIAS

PIKANTE ZWIEBEL-BHAJIA

Ergibt 20–30 Stück

Dies ist der wohl beliebteste und gängigste indische Snack, allerdings wohl auch der am meisten fehlinterpretierte und falsch zubereitete. Was da in den Läden und Supermärkten alles herumliegt, entspricht selten dem Bhajia, *das wir Inder kennen.* Bhajia *bedeutet schlicht »Krapfen« und* Bhaji *steht für Spinat oder gegartes Gemüse. Diese hier schmecken so, wie sie die Inder zu Hause zubereiten, zumindest fast. Sie sind kinderleicht zuzubereiten, und das Ergebnis ist verblüffend gut.*

Die Zwiebeln schälen, halbieren und in sehr feine Streifen schneiden. Diese in eine hohe Schüssel legen und sämtliche anderen Zutaten außer Kichererbsenmehl und Salz dazugeben.

Das Frittieröl langsam erhitzen. Das Kichererbsenmehl mit dem Salz durchsieben. Die Mehl-Salz-Mischung nach und nach unter die Zwiebeln mengen und mit den Fingern in die Mischung reiben, bis sie klebrig und fest ist. Möglichst nur mit einer Hand arbeiten. 2 Esslöffel Wasser dazugießen, alles noch 1–2 Minuten durchkneten und probieren, ob die Masse genug Salz enthält.

Das Öl sollte 180 °C heiß sein. Wenn keine Fritteuse benutzt wird, zur Kontrolle ein kleines Stückchen der Zwiebelmasse ins heiße Fett geben. Wenn es siedend an die Oberfläche steigt und innerhalb von 30 Sekunden braun wird, stimmt die Temperatur.

Mit den Fingern kleine Häufchen der Zwiebelmasse aufnehmen und ins Öl gleiten lassen. Sie sollten nicht größer als 2,5 cm im Durchmesser sein. Die Bhajias portionsweise goldbraun und knusprig frittieren – das dauert etwa 4 Minuten. Ab und zu wenden, falls nötig. Nicht zu viele Bhajias auf einmal hineingeben, sonst kühlt das Öl zu stark ab und die Bhajias nehmen keine Farbe an und weichen durch. Vor jedem Frittiergang das Öl erst kurz wieder erhitzen.

Die frittierten Bhajias mit einer Schaumkelle aus dem Öl heben und auf Küchenpapier abtropfen lassen. Die Bhajias mit einem der grünen Chutneys oder mit frischem Tomaten-Knoblauch-Chutney servieren.

2 große mehligkochende Kartoffeln
200 g Perlsago (vorzugsweise größere Kugeln)
3 geh. EL rohe geschälte Erdnüsse
1 TL Kreuzkümmelsamen
2 grüne Chilis, nach Belieben von Samen befreit und fein gehackt
1 TL Limettensaft
Salz nach Geschmack
1–2 EL gehacktes Koriandergrün
etwa 2 EL Reismehl (nach Belieben)
Pflanzenöl zum Frittieren

Dazu passt
eines der Chutneys auf Seite 212–219 oder Ketchup

SABOODANA VADA

KNUSPRIGE SAGO-KARTOFFEL-KÜCHLEIN

Ergibt 12–14 Küchlein

Sago wird in vielen Teilen Indiens in der Küche reichlich verwendet, allen voran in Maharashtra und in Südindien, wo auch der meiste Maniok für die Herstellung von Tapiokastärke angebaut wird. Sagoküchlein schmecken umwerfend und machen geradezu süchtig. Erdnüsse passen hier am besten, Allergiker können aber auch Cashew-Kerne nehmen. Sago gibt es in fast jedem Supermarkt, kaufen Sie aber größere Perlen, nicht die kleinen. Ein wichtiger Hinweis noch: Die Einweichzeit hängt von der Qualität, der Größe und dem Alter der Sagoperlen ab. Kleinere Kugeln benötigen lediglich 15–20 Minuten, um weich zu werden, während einige größere Sorten am besten über Nacht eingeweicht werden sollten. Ich verwende das größere Perlsago.

Die Kartoffeln weich kochen, schälen und zerstampfen. Das Sago gründlich waschen, dann in eine Schüssel geben, mit Wasser knapp bedecken und einige Stunden oder über Nacht einweichen lassen, bis sich die Kugeln voll Wasser gesogen haben, prall aussehen und auf Druck weich anfühlen. Durch ein Sieb abgießen und mindestens 15–20 Minuten abtropfen lassen.

Inzwischen die Erdnüsse in einer Pfanne unter Rühren rösten, bis sie leicht gebräunt sind, und mit einem Messer oder im Mixer grob hacken. Sämtliche Zutaten außer dem Reismehl und dem Frittieröl in einer großen Schüssel gründlich vermengen.

Die Hände mit Reismehl bestäuben und die Masse zu kleinen, runden Küchlein formen. Ist die Mase zu feucht, etwas Reismehl unterkneten. Die Sagoküchlein mindestens 30 Minuten kalt stellen.

Das Frittieröl auf 180 °C erhitzen. Zur Kontrolle ein kleines Stückchen trockenes Brot hineingeben – wird es binnen 30 Sekunden braun, ist das Öl heiß genug. Eine Schüssel mit einem Sieb zum Abtropfen bereitstellen. Kein Küchenkrepp verwenden, da die Küchlein leicht daran festkleben. Die Küchlein in Portionen zu 2 oder 3 Stück goldbraun frittieren und zwischendurch einmal wenden. Die frittierten Küchlein in dem Sieb abtropfen lassen und warm stellen, bis alle Küchlein gebacken sind.

Die Sagoküchlein mit einem grünen Chutney oder, wie viele Inder es tun, mit Ketchup servieren.

BATATA VADA

SCHARFE KARTOFFELKRAPFEN

Ergibt 10–12 Stück

Wenn es um einen bezahlbaren Magenfüller zur Mittagszeit geht, ist das echte Batata Vada *für Zigtausende Menschen in Bombay erste Wahl. Viele beginnen den Tag sogar mit einem* Vada *zum Frühstück. Für meine Frau ist es ein absolutes Muss, wenn wir zu Besuch in Bombay sind, sie isst es fast jeden Tag. Die pikant gewürzte Grundzubereitung aus Kartoffeln und Zwiebeln lässt sich auf dreierlei Weise servieren: So wie sie ist als Beilage mit Brot oder Chapatis (Seite 183 oder 185), in Form von Kartoffel-*Bhajias *oder, wie hier, als* Vadas *zubereitet.*

Die Kartoffeln kochen, schälen, zerstampfen und in eine große Schüssel geben. Die Kartoffelmasse salzen und das Koriandergrün untermengen.

In einer großen Pfanne 2 Esslöffel Öl erhitzen – einen Deckel oder Spritzschutz bereitlegen –, die Senfsamen hineingeben, Deckel oder Spritzschutz auflegen, die Hitze etwas reduzieren und die Pfanne 15–20 Sekunden rütteln, bis die Samen knistern und knacken. Achtgeben, dass sie nicht verbrennen. Sobald das Knistern aufhört, die Curryblätter und den Asant zugeben und in der Mischung schwenken. Ingwer und Chilis dazugeben, nach 1–2 Minuten die Zwiebeln und diese behutsam anschwitzen, bis sie glasig und weich sind. Kurkuma und Limettensaft unter die Gewürzmischung rühren und diese in die Kartoffelmasse gießen. Alles gründlich vermengen und würzig abschmecken.

Das Kichererbsenmehl in eine Schüssel sieben und unter ständigem Rühren mit einem Schneebesen so viel Wasser einarbeiten, bis ein glatter, gießfähiger Teig von der Konsistenz eines Back- oder Pfannkuchenteigs entstanden ist. Den Teig salzen und zugedeckt mindestens 30 Minuten quellen lassen.

Die Kartoffelmasse kräftig durchschlagen, bis sie möglichst glatt und homogen ist, und daraus 10–12 gleichgroße Bällchen formen. Sollen sie als kleine Häppchen serviert werden, die Bällchen deutlich kleiner formen.

Das Öl auf 180 °C erhitzen. Zur Kontrolle ein wenig Backteig hineinträufeln. Wenn er sofort siedend an die Oberfläche steigt und binnen 30 Sekunden braun wird, ist das Öl heiß genug.

Die Vadas portionsweise in den Backteig tauchen, kurz abtropfen lassen und in dem heißen Öl goldbraun und knusprig frittieren; falls nötig zwischendurch wenden. Mit einem Schaumlöffel herausheben und auf Küchenpapier abtropfen lassen. Die Vadas noch warm in weichen Brötchen mit frischem Chutney servieren.

4–5 mehligkochende Kartoffeln
Salz nach Geschmack
2 EL gehacktes Koriandergrün
2 EL Sonnenblumen- oder Rapsöl
1 TL schwarze Senfsamen
10–12 Curryblätter (vorzugsweise frisch), gehackt
$^1/_4$ TL Asant
7 cm frischer Ingwer, fein gehackt
1–2 dünne grüne Chilis, samt Samen fein gehackt
1–2 rote Zwiebeln, fein gehackt
$^1/_2$ TL gemahlene Kurkuma
Saft von $^1/_2$ Limette
250 g Kichererbsenmehl oder Besan
Pflanzenöl zum Frittieren

Dazu passt

weiche Brötchen und Chutney (siehe Seite 212–219)

TIKKHA MURGHI NA SAMOSA

HÜPFENDE HÄHNCHEN-SAMOSAS

Ergibt etwa 50 Stück

Samosas *sind auf unterschiedliche Weise gefüllte Teigtaschen, die zu Dreiecken gefaltet und frittiert werden. Es gibt sie auf dem gesamten Subkontinent in allen Variationen. Jede Volksgruppe bereitet Füllung und Teig auf ihre Weise zu. Nun gab es da einen gewissen Herrn Ebrahim, der jeden Abend an Bombays berühmtem Juhu-Strand auftauchte mit einem Gehilfen an seiner Seite, der einen großen Korb mit feurig-scharfen* Samosas *trug. Die mit Chilis gespickten Teigtaschen waren so scharf, dass man unweigerlich ins Hüpfen kam. »Das Hähnchen hüpft!«, hörte man Herrn Ebrahim inmitten der Leute rufen, und binnen Minuten war der Korb leer. Dann überließ er das Feld dem Zuckerrohrsaftverkäufer, der nun seinerseits ein gutes Geschäft machte, da alle das Feuer zu löschen versuchten. Man munkelt, dass auch der Saftstand Herrn Ebrahim gehörte.*

Tikka *bedeutet wörtlich »Chili scharf« und bezeichnet auch eine Frau von außergewöhnlichem Temperament. Unsere* Samosas *sind natürlich zahmer als jene in Bombay, doch lässt sich ihr Feuer nach Belieben schüren (oder weiter bändigen). Anstelle von Hähnchen kann man auch gehacktes Lamm-, Rind-, mageres Schweinefleisch und sogar Wild verwenden.*

Wenn Sie getrocknete Teighüllen kaufen, müssen sie vor dem Zuschneiden und Füllen kurz in Wasser getaucht werden. Ersatzweise kann man auch Filo-Teig nehmen.

Kurkuma, Chilipulver, Currypulver und Garam Masala mit 200 ml Wasser verrühren, zudecken und beiseitestellen.

Das Öl in einem Wok oder Schmortopf kräftig erhitzen. Zuerst die Curryblätter und die grünen Chilis hineingeben, dann die Kreuzkümmelsamen und alles einige Sekunden unter Rühren braten, bis die Mischung aromatisch duftet. Ingwer-Knoblauch-Paste hinzufügen und nur ganz leicht Farbe nehmen lassen. Die Zwiebeln dazugeben und in etwa 4 Minuten weich schwitzen, jedoch nicht bräunen. Dabei mit einem Holzspatel immer wieder gut umrühren, damit die Mischung nicht ansetzt.

Sobald die Zwiebeln weich sind, das vorbereitete Masala angießen. Den Satz in der Schüssel mit einem Schuss Wasser ausspülen und ebenfalls dazugießen. Alles unter Rühren einige Minuten kochen, bis das Wasser verdampft ist.

250 ml Wasser zugießen, das Hackfleisch zur Gewürzmischung geben, gut zerkleinern und möglichst gleichmäßig miteinander vermischen, sodass keine Klümpchen entstehen. Den Topf wieder auf die Kochstelle stellen und die Hackfleischmasse bei etwas stärkerer Hitze unter häufigem Rühren schmoren, bis das Fleisch gar und der Großteil der Flüssigkeit verdampft ist, dann die Erbsen und die Kräuter unterrühren und den Topf von der Kochstelle nehmen. Die Mischung in ein Sieb gießen und abtropfen lassen, dann abschmecken und abkühlen lassen.

Für die Samosas den Stapel Teigblätter auf ein Schneidebrett legen, einen kleinen Teller oder eine große Untertasse umgekehrt daraufsetzen und mit einem scharfen, dünnen Messer durch den gesamten Stapel Kreise ausschneiden. Ein feuchtes Küchentuch zum Abdecken bereithalten. Die Abschnitte wegwerfen oder anderweitig verwenden.

Die Teigkreise in zwei Hälften schneiden, übereinanderstapeln und mit einem feuchten Tuch zudecken, damit sie nicht austrocknen. Zum Zukleben

1 TL gemahlene Kurkuma
2 TL Chilipulver
1–2 EL Currypulver
2 TL Garam Masala
3 EL Sonnenblumen- oder Rapsöl
30–40 Curryblätter (vorzugsweise frisch), in feine Streifen geschnitten oder wie Petersilie gehackt
8–10 dünne grüne Chilis, fein gehackt
1 geh. TL Kreuzkümmelsamen
100 g Ingwer-Knoblauch-Paste (siehe Seite 157)
4–5 kleine Zwiebeln, fein gehackt
1 kg gehacktes Hähnchenfleisch
500 g frisch gepalte oder tiefgefrorene Erbsen, 2 Minuten blanchiert und abgetropft
5–6 Zweige Minze, abgezupft und in feine Streifen geschnitten
2 EL gehacktes Koriandergrün
etwas Salz nach Geschmack
1 Paket (250 g) tiefgefrorene Teigblätter für Frühlingsrollen (etwa 15 x 15 cm), aufgetaut
2 EL Mehl

Dazu passt

Grünes Chutney (siehe Seite 215)

TIKKA MURGHTI NA SAMOSA
HÜFTFENDE HÄHNCHEN-SAMOSAS

der Samosas das Mehl mit etwas Wasser zu einem dicken Brei verrühren.

Die oberen beiden Teighalbkreise abnehmen und auf das Schneidebrett legen (ein einzelnes Teigblatt ist zu dünn). Eine Ecke des Halbkreises zur Mitte hin falten und mit einem Pinsel etwas Mehlpaste auftragen, um den Rand zu versiegeln.

Jetzt die andere Teigecke darüberfalten, sodass ein oben offener Kegel entsteht, und erneut den Rand mit Mehlpaste versiegeln. Darauf achten, dass auch die Spitze vollständig verschlossen ist.

Den Teigkegel bis etwa 2 cm unterhalb des Randes mit der vorbereiteten Hackmasse füllen. Einen Teigrand über die Füllung falten und mit Mehlpaste fixieren, dann den anderen Rand darüberlegen und versiegeln. Mit den Fingern einige Male über die Teigränder fahren, um mögliche Öffnungen vollständig zu schließen. Die restlichen Teigblätter in gleicher Weise falten und füllen.

Das Öl auf 180 °C erhitzen. Zur Kontrolle ein Stückchen trockenes Weißbrot hineingeben – wird es binnen 30 Sekunden braun, ist das Öl heiß genug. Die Samosas in 3–4 Minuten goldbraun und knusprig backen, auf Küchenpapier abtropfen lassen und mit frischem grünem Chutney servieren.

500 g mageres Lammfleisch aus der Schulter
20 g Koriandergrün
20 g frische Minze
2,5 cm frischer Ingwer, grob gehackt
1 großer grüner Chili
6–8 Knoblauchzehen
1 TL Limettensaft
1 TL Garam Masala
1 TL gemahlener Kreuzkümmel
1 TL gemahlener Koriander
1/2 TL Chilipulver
1/2 TL gemahlene Kurkuma
Salz nach Geschmack
1 TL Pflanzenöl

Dazu passt
Grünes Chutney (siehe Seite 215), Kachumber (siehe Seite 93) und Chapatis (siehe Seite 183 und 185) oder Weizentortillas (nach Belieben)

Seekh Kavâab

Lamm-Kebab

Für 4 Personen

Wörtlich übersetzt heißt Seekh Kavâab *»am Spieß geformter Kebab«.* Kebab, *wie er meist schlicht genannt wird, ist einer der vielen großartigen Vertreter der indischen Küche und gewöhnlich ein Straßensnack.*

Als ursprünglich muslimische Spezialität, deren Spuren sich bis zu ihren persischen Wurzeln zurückverfolgen lassen, variiert das Rezept von Land zu Land und Region zu Region. Dieses ist eine der einfachsten und besten Varianten und sagt wohl den meisten Geschmäckern zu. Zwar sollte das Fleisch eher mager sein, aber ein bisschen Fett tut dem Geschmack und der Konsistenz durchaus gut.

Das Fleisch sorgfältig von Sehnen und Knorpeln befreien und in Stücke schneiden. Fettabschnitte beiseitelegen. Das Fleisch mit den Kräutern, dem Ingwer, der Chili und dem Knoblauch sowie dem Limettensaft durch den Wolf drehen oder mit dem Wiegemesser sehr fein wiegen.

Die gemahlenen Gewürze mit etwas Salz unter die Hackmasse mengen, gut durchkneten und abschmecken. Wenn man kein rohes Fleisch mag, zur Kontrolle ein Probeklößchen braten. Die Masse zugedeckt mindestens 30 Minuten kalt stellen.

Einen Holzkohlegrill, einen Tandoor oder den Backofengrill vorheizen. Einen 5 cm großen Kloß Hackmasse in die eine Hand nehmen und einen Spieß in die andere. Holzspieße zuvor wässern. Das Hackbällchen in der Hand rollen, um es zu glätten, dann ungefähr in der Mitte um den Spieß legen und so zusammendrücken, dass es den Spieß vollständig umschließt.

Die Hand mit etwas Öl oder Wasser benetzen und die Hackmasse am Spieß behutsam zu einer lange Wurst drücken und formen. Das gelingt oft erst mit einiger Übung. Am besten geht es, wenn Sie mit Daumen und Zeigefinger einen Ring bilden und mit den restlichen Fingern die Masse sanft Stück für Stück über den gesamten Spieß verteilen. Die Hackfleischwurst sollte idealerweise etwa 2,5 cm oder etwas weniger im Durchmesser messen.

Die fertigen Spieße so auf ein kleines Blech legen, dass die Enden auf dem Blechrand ruhen und die Hackmasse nicht aufliegt. In dieser Weise die gesamte Hackmasse zu Spießen verarbeiten.

Die Kebabs 8–10 Minuten grillen. Zwischendurch einmal wenden, sodass sie gut gebräunt und durchgegart, innen jedoch noch saftig sind (sie sollten sich auf Druck elastisch anfühlen).

Die Kebabs mit grünem Chutney und Kachumber servieren oder das Fleisch mit Salat und Zwiebeln in Chapatis oder Weizentortillas einrollen.

100 g getrocknete Kichererbsen oder 1 Dose (400 g) Kichererbsen, gut abgetropft
Salz nach Geschmack
2 große Kartoffeln einer festkochenden Sorte
100 g Cashew-Kerne
1/4 TL Pflanzenöl
1 große Fleischtomate oder 3 kleinere Tomaten
1 kleine rote Zwiebel, fein gehackt (nach Belieben)
1 geh. EL gehacktes Koriandergrün
1–2 grüne Chilis, fein gehackt
1 TL Chat-Masala-Pulver oder Saft von 1/2 Limette

ALOO CHANNA CAJU CHAAT

KARTOFFELSALAT MIT KICHERERBSEN UND CASHEW-KERNEN

Für 4–6 Personen

In vielen indischen Sprachen bedeutet Chat *schlicht »lecken« – wie passend, wenn man bedenkt, dass viele Straßensnacks mit den Fingern gegessen werden, die man anschließend genüsslich ableckt.* Chat *bezeichnet folglich Fingerfood, wird aber auch für ein besonderes Masala-Pulver verwendet, mit dem man viele Snacks oder Salate würzt.*

Diesen kalten Salat, einer von vielen Salaten auf Obst- und Gemüsebasis, können Sie nach eigenem Gusto mit frischen Zutaten, die gut mit dem Masala harmonieren, abwandeln oder ergänzen. Chats *wie dieses werden oft am Nachmittag zusammen mit Früchten wie Ananas, Bananen, Granatäpfeln oder halbreifen Mangos als sommerliche Erfrischung gegessen.*

Getrocknete Kichererbsen über Nacht in kaltem Wasser einweichen und anschließend in reichlich Wasser weich kochen. Das kann 20 Minuten bis zu 1 Stunde dauern. Sie sollten ziemlich weich sein, sonst sind sie schwer verdaulich. Die Kichererbsen leicht salzen und nach dem Garen gründlich abtropfen. Kichererbsen aus der Dose lediglich in ein Sieb geben, kalt abspülen und abtropfen lassen.

Die Kartoffeln mit der Schale weich kochen, abgießen und etwas abkühlen lassen, dann schälen, in 5 mm kleine Würfel schneiden und in eine große Schüssel geben.

Den Backofen auf 120 °C vorheizen. Die Cashew-Kerne grob hacken, auf einem Blech mit dem Pflanzenöl vermengen und gleichmäßig verteilen – nicht mehr Öl zugeben, die angegebene Menge reicht aus. Die Nüsse im Ofen sanft rösten, bis sie etwas Farbe angenommen haben, dann abkühlen lassen und zu den Kartoffeln in die Schüssel geben.

Die Tomate vierteln, die Kerne herauslösen und das Fruchtfleisch würfeln (es werden etwa 3 gehäufte Esslöffel benötigt). Zu den Nüssen und Kartoffeln in die Schüssel geben.

Sämtliche anderen Zutaten dazugeben, salzen und alles vorsichtig durchheben. Nach Belieben mit Salz, weiterem Chili, Chat Masala oder Limettensaft abschmecken. In der Schüssel servieren oder auf Einzeltellern anrichten und mit heißen Pooris (siehe Seite 180) als Vorspeise oder als Beilage reichen. Der Salat ist auch im Kühlschrank nicht lange haltbar und sollte erst kurz vor dem Servieren fertiggestellt werden.

BROT UND REIS

Es gibt kein Land der Welt, das nicht irgendeine Form von Brot kennt. In Indien ist es als Hauptnahrungsmittel weitaus wichtiger als Reis. Es gibt Hunderte von Fladenbroten aus jedem erdenklichen Korn, von Weizen über Kichererbsen und Reis bis zu Mais und Hirse, und man isst sie von frühmorgens bis zum Abend. Allein um die Welt der indischen Brote zu erforschen, müsste ich vermutlich 50 Jahre durchs Land reisen und hätte selbst dann noch nicht alles entdeckt.

Wann immer in diesem Buch von Brot die Rede ist, handelt es sich nicht um europäisches Schnittbrot. Indien bietet fantastische Brotsorten, und das wohl meistverbreitete ist das *Ladi pao* oder *Ladi pav*, wörtlich »Blechbrot«, das aus vielen kleinen, rundlichen Laiben besteht. Es ist frei von Konservierungsstoffen und Backhilfen. Das französische *Pain rustique*, ein rustikales Weizenbrot, oder Baguette sind eine gute Alternative.

In Bombay bevorzut man Hefebrote. Die Portugiesen waren Meister im Brotbacken. Brot war eines jener Nahrungsmittel, das den Seefahrern lange Reisen ermöglichte. Während in den Küstenregionen vergorene Teige mit Toddy (Palmwein) verbreitet waren, führten die Portugiesen frisch gebackenes Brot als Grundnahrungsmittel in Bombay ein.

Bombay ist berühmt für seine Vielfalt an Broten, große, kleine, süße, gewürzte und wunderbar knusprige Laibe – eine reiche Auswahl, um den Appetit seiner Einwohner zu stillen. Nirgendwo sonst in Indien, vom portugiesisch beeinflussten Goa einmal abgesehen, genießen die Menschen ihr Brot mit solcher Hingabe.

In meiner Familie hatte Brot einen quasi religiösen Status. Wann immer das gelieferte Brot irgendwelche Mängel aufwies, war meine Mutter todunglücklich und der Brotmann musste sich einiges anhören, weil ihre geliebten Toasts nun nicht perfekt gerieten. Diese ihre Toasts sind mittlerweile legendär – ihre Enkel nennen sie »Granu Toasts«. Meine Schwester bereitet sie noch heute zu, wir gelegentlich auch, wenn auch nicht allzu oft. Das Ergebnis steht und fällt mit der Qualität des Brotes.

Reis ist wiederum das Getreide, das alle Inder lieben, doch auch da hat jeder seine Lieblingssorte. Wer weiß schon, dass es weltweit fast 100 000 verschiedene Reissorten gibt, von denen nicht weniger als 1800 in Indien angebaut werden, wenn nicht mehr. Es ist eine fantastische Auswahl, die sich da bietet. Die Lieblingssorte meiner Eltern hieß *Surti Kolum*, »Seidenreis«, und stammte aus Surat. Später in Pune lernte ich die Sorte *Aamba Mohur* (auch *Ambemohar*), »Mangoblüte«, kennen, deren Aroma tatsächlich an Mangoblüten erinnert. Pervin und ich verliebten uns sofort in sie und jedes Jahr nehmen wir einen Vorrat mit nach Hause, den wir für mein Leibgericht *Dhaan Daar* – Reis mit Linsen nach parsischer Art – verwenden und mit niemandem teilen.

Für viele Inder ist Reis ein Hauptnahrungsmittel, nur nicht im Punjab, wo der König aller Reissorten, der Basmati, gedeiht. Basmati wird dort sehr verehrt und ist besonderen Anlässen vorbehalten. Ein Beutel gut abgelagerter Reis, fünf, sechs Jahre alt oder älter, erzielt ähnlich stolze Preise wie ein alter Burgunder.

MASALA POORI

GEWÜRZTE POORIS

Ergibt je nach Größe 15–20 Stück

Ein Masala *ist, wie Sie inzwischen wissen, eine Mischung aus verschiedenen Gewürzen, und natürlich lässt jede Zubereitung mit dem Zusatz »Masala« Raum für Variationen. Dies ist ein typisches Rezept für knusprig-pikante* Pooris, *doch können Sie auch experimentieren und es mit einer anderen Würzmischung ausprobieren.* Poori, *auch* Poorie *oder* Puri, *ist eine Art frittiertes* Chapati *und wird in unterschiedlichen Formen und Größen zubereitet, jedoch grundsätzlich frittiert. Je nach Rezept und Verwendung gibt es weiche und knusprige Ausführungen; man kann es als Snack genießen oder zum Hauptgang reichen.* Pooris *erfordern ein bisschen Übung, also nicht gleich verzagen, wenn sie nicht auf Anhieb makellos gelingen. Ich bin selbst darin kein Meister und meine Frau beherrscht sie um Klassen besser als ich. Es ist alles eine Frage der Übung, und mögen die ersten auch etwas unförmig aussehen, gut schmecken tun sie allemal!*

Das Mehl und das Salz in eine große Rührschüssel sieben. Sämtliche andere Zutaten außer dem Fett dazugeben und alles gut vermischen, dann das Ghee oder Butterschmalz zugeben und in die Mischung reiben. Nach und nach in kleinen Mengen 200 ml Wasser zugießen und alles mit der Hand oder den Knethaken der Küchenmaschine zu einem festen Teig verkneten. Der Teig darf auf keinen Fall kleben. Den Teig in Frischhaltefolie oder ein feuchtes Tuch wickeln und 15–20 Minuten ruhen lassen.

In einen ausreichend großen Topf 5–7,5 cm hoch Öl füllen und erhitzen. Ein Blech mit Küchenpapier auslegen.

Die Arbeitsfläche leicht mit Mehl bestäuben und den Teig so dünn wie möglich ausrollen. Mit einem Ausstecher Kreise von 5–7,5 cm Durchmesser ausstechen.

Ein Poori ins heiße Öl geben, um zu kontrollieren, ob es heiß genug ist. Der Fladen sollte sofort an die Oberfläche steigen und sich rasch goldbraun färben. Nicht mehr als 2 oder 3 Pooris auf einmal backen. Am besten die Pooris einige Sekunden untertauchen, dann an die Oberfläche steigen lassen und umdrehen, sobald sie sich aufgebläht haben. Sie benötigen nur einige Sekunden.

Die Pooris auf Küchenpapier abtropfen und heiß servieren. Dazu ein süßes Chutney oder Kartoffel-Bhajias reichen. Pooris sind auch ein köstliches Dessert, wenn man sie mit Mangopüree, gewürzt mit zerstoßenem Kardamom, serviert.

400 g Weizenvollkornmehl
1 TL Salz
2 geh. EL gehacktes Koriandergrün (samt Stielen)
2 grüne Chilis, fein gehackt
1 TL Granatapfelpulver (nach Belieben)
$^{1}/_{2}$ TL grob zerstoßener schwarzer Pfeffer
$^{1}/_{2}$ TL Chilipulver
$^{1}/_{2}$ TL Kreuzkümmelsamen, geröstet und zerstoßen
1 EL Ghee oder Butterschmalz
reichlich Pflanzenöl zum Frittieren

Dazu passt

Süßes Chutney oder Kartoffel-Bhajias

450 ml mittelfeines Maismehl
$1\frac{1}{2}$ TL Salz
etwa 200 ml kaltes Wasser
2–3 EL zerlassenes Ghee oder Butterschmalz

MAKKI KI ROTI

MAISMEHL-CHAPATIS

Ergibt 6–8 Stück

Während einige Regionen in Indien wie der Punjab und ein Teil von Rajasthan eine besondere Kultur des Makki ki Roti *pflegen, wird es in anderen Landesteilen nur gelegentlich zubereitet. Dieses Brot ist untrennbar mit dem Erntefest im Punjab verbunden. Bereits vor Jahrhunderten backten die Inder* Rotis *aus Maismehl, doch erst die Einführung der mexikanischen Maistortilla hat das Maisbrot richtig populär gemacht. Die Zubereitung ist im Grunde ganz einfach, nur das Ausrollen der Teigbällchen erfordert etwas Umsicht. Da Mais keinen Kleber enthält, wird der Teig schnell trocken und bröckelig, darum bereitet man die* Chapatis *am besten einzeln zu. Nur nicht abschrecken lassen, es nimmt nicht so viel Zeit in Anspruch wie es scheinen mag. Sie schmecken am besten mit Spinat oder Sareptasenf,* Sarson ka Saag *genannt.*

Das Maismehl und das Salz miteinander vermischen, auf der Arbeitsfläche in 6–8 ungefähr gleich große Portionen teilen und einzeln weiterverarbeiten.

Das erste Häufchen unter Zugabe von kleinen Mengen Wasser zu einem festen, glatten Teig verkneten.

Eine flache Grillpfanne bei schwacher Hitze gut mit Ghee oder Butter einfetten und den Teigkloß in die Mitte setzen.

Den Teig mit der Hand flach drücken und zu einem dünnen Fladen ausbreiten. Die Hand dabei immer ganz flach ausbreiten und die Finger vom Pfannenrand fernhalten, um Verbrennungen zu vermeiden. Den Fladen 3-4 Minuten backen, dann behutsam wenden und von der anderen Seite backen, bis er auf beiden Seiten die gewünschte Farbe angenommen hat.

Die restlichen Mehlhäufchen in gleicher Weise zu Teig verarbeiten und backen. Je nach Bedarf weiteres Ghee oder Butter zugeben und die fertigen Chapatis zum Warmhalten in ein sauberes Tuch oder eine Serviette wickeln. Warm servieren.

1 EL Sonnenblumen- oder Rapsöl
250 g Weizenvollkornmehl, plus
Mehl zum Bestäuben
1 TL Salz
etwas zerlassenes Ghee oder
Butterschmalz

CHAPATIS

VOLLKORN-CHAPATIS

Ergibt 6–8 Stück

Es ist schwierig, ein absolut sicheres Rezept für Chapatis *zu geben. Es ist vor allem eine Frage der Erfahrung und des Gefühls für den Teig. Also nicht beirren lassen! Hier ist ein einfaches Rezept für den Anfang. Bedenken Sie, dass sich jedes Mehl anders verhält. Experimentieren Sie, und mit der Zeit bekommen Sie ein Gefühl für den Teig. In Indien stellen viele Hotels und Restaurants eigens einen Spezialisten für die Zubereitung von* Chapatis *an.*

Das Öl erwärmen. Mehl und das Salz in eine Schüssel sieben und das warme Öl unterrühren. Esslöffelweise kaltes Wasser dazugeben und alles zu einem festen, glatten Teigkloß verarbeiten. Den Teig einige Minuten gut durchkneten, bis er nicht mehr klebt und sich fest und dennoch geschmeidig anfühlt, dann zugedeckt 1–2 Stunden ruhen lassen.

Den Teig noch einmal durchkneten, zu einem Kloß formen und mit Mehl bestäuben. Den Teig zu Bällchen von 2,5 cm Durchmesser formen.

Eine Grill- oder Tava-Pfanne mit etwas zerlassenem Ghee oder Butterschmalz bestreichen und auf mittlerer Stufe erhitzen. Das Fett nicht zu stark erhitzen, sonst werden die Chapatis braun, bevor sie durchgebacken sind.

Die Teigbällchen auf der bemehlten Arbeitsfläche zuerst mit den Fingern flach drücken und dann so dünn wie möglich zu runden Fladen ausrollen. (Denken Sie immer daran, dass selbst die größten Küchenchefs und Köche wie ich mit 20 Jahren Berufserfahrung ihre Chapatis nicht immer so makellos rund und wohlgeformt hinbekommen wie unsere Mütter und Ehefrauen.)

Überschüssiges Mehl abschütteln und den ersten Fladen flach in die Pfanne legen. Nach etwa 30 Sekunden umdrehen, mit etwas zerlassenem Ghee oder Butterschmalz bestreichen und erneut wenden. Ein gutes Chapati präsentiert sich in gleichmäßigem Hellbraun ohne dunkle Stellen und ist gut durchgebacken.

Am Ende der Backzeit das Chapati einmal zusammenfalten und auf einem sauberen Tuch oder Küchenpapier in einen Behälter mit Deckel legen.

Die Chapatis lassen sich warm als Beilage zu den meisten Gerichten servieren.

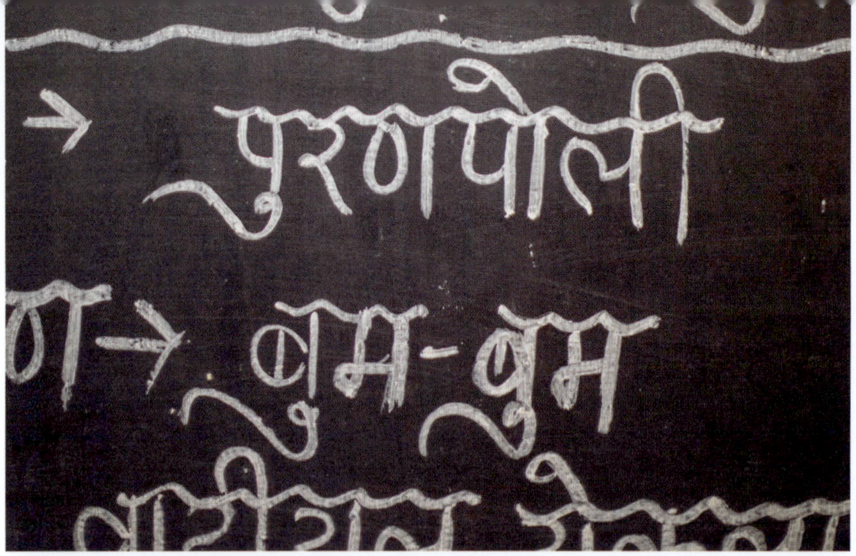
→ पुरणपोली
बुम-बुम

→ फ्रुट सलाड

400 g Mehl
1 TL Salz
1 TL Backpulver
1–2 TL extrafeiner Zucker
1 Ei
100 g Joghurt
1–2 EL heiße Milch
etwas Butter oder Ghee
Pflanzenöl zum Frittieren

BHATURA

BALLON-FLADENBROT

Ergibt 6–8 Stück

Diese wie ein Ballon aufgeblähten frittierten Brote sind größer und schwerer als Fladenbrote. Man isst sie traditionell zu Chana Masala *oder* Aloo ki Subzi. *Rechnen Sie ein bis zwei Brote pro Person, plus* Kachumber *(siehe Seite 93) und etwas dicken Joghurt. Dieses Rezept funktioniert ausgesprochen gut. Machen Sie sich dennoch keine Sorgen, wenn die Zubereitung einmal nicht von ganz großem Erfolg gekrönt ist.* Bhaturas *sind launisch und tun einem nicht immer den Gefallen, perfekt zu gelingen, schön goldbraun und aufgebläht. Aber auch weniger prall schmecken sie gut! Hier haben wir sie etwas kleiner gehalten, damit sie sich leichter frittieren lassen. Bedenken Sie aber bei der Zeitplanung, dass der Teig am Morgen angesetzt werden muss, damit er am Abend gebacken werden kann.*

Mehl, Salz, Backpulver und Zucker in einer Rührschüssel miteinander vermischen. Das Ei in eine zweite Schüssel schlagen, den Joghurt, die heiße Milch und 2 Esslöffel heißes Wasser dazugeben und alles verrühren. Die Joghurtmischung nach und nach unter das Mehl mengen und die Masse kneten. Ist der Teig sehr trocken, esslöffelweise noch etwas Wasser zugeben. Beständig weiterkneten, bis der Teig glatt, geschmeidig und elastisch ist.

Die Hände mit etwas Butter oder Ghee einfetten und den Teig zu einem großen runden Kloß formen. Den Teigkloß in eine Schüssel legen, mit einem feuchten Tuch zudecken und bei Zimmertemperatur 6–8 Stunden gehen lassen.

Reichlich Öl in einen Wok oder Kadhai – ersatzweise in eine Pfanne mit hohem Rand – füllen und bis fast zum Rauchpunkt erhitzen. Den Teig noch einmal behutsam durchkneten und zu 6–8 Bällchen formen. Die Größe ist beliebig, richtet sich aber nach dem Kochgeschirr, in dem frittiert wird.

Inzwischen die Teigbällchen etwa 3 mm dünn ausrollen; bei Bedarf leicht mit Mehl bestäuben, damit sie nicht kleben. Die Fladen einzeln in dem heißen Öl ausbacken, bis sie goldbraun und aufgebläht sind. Zwischendurch vorsichtig umdrehen, falls nötig, damit sie gleichmäßig bräunen. Eine gute Technik beseht darin, das Bhatura mit dem Schaumlöffel zu drehen. Derart im heißen Öl rotierend bläht sich der Fladen schneller auf und entwickelt eine ebenmäßige Form. Perfekte Bhatura erfordern noch mehr Übung als Chapatis. Also nicht die Geduld verlieren!

BHAKHRI

IN DER PFANNE GEBACKENES MASALA ROTI

Ergibt 10–12 Stück

Bhakhri *wird auf verschiedene Arten zubereitet. Während man in Gujarat keine Gewürze zum Teig gibt, ist in Maharashtra die Zugabe bestimmter Gewürze und Aromaten üblich. Dieses einfache, leicht modifizierte Rezept liefert ein lagerfähiges Brot, das sich noch Tage später knusprig aufbacken lässt.* Bhakhri *kann man füllen wie* Paratha, *ein weiteres indisches Fladenbrot, was jedoch ein bisschen kniffelig ist, oder, wie hier, einfach zu runden Fladen ausrollen und mit etwas Fett in der Pfanne backen.*

Das Mehl mit der Kurkuma, dem Chilipulver, dem Salz und dem Asant in eine Rührschüssel geben und vermischen. 3 Esslöffel Öl, zerlassene Butter oder Ghee – in die Mischung geben, das Ganze mit den Händern verreiben und den Kreuzkümmel untermischen. Schließlich den Joghurt dazugeben und alles zu einem glatten, festen Teig verkneten. Wenn er zu trocken ist und die Zutaten sich nicht richtig verbinden, noch etwas mehr Joghurt einarbeiten, bis er die richtige Konsistenz hat. Den Teig in Frischhaltefolie oder ein feuchtes Tuch wickeln und mindestens 1 Stunde ruhen lassen.

Am Ende der Ruhezeit den Teig erneut kneten, mit den Händen zu einem langen Strang rollen und in 10–12 gleich große Portionen zerteilen.

Die Teigportionen zu Bällchen formen, flach drücken und zu dünnen, runden Fladen ausrollen. Mit etwas Öl, zerlassener Butter oder Ghee bestreichen, damit sie knusprig werden und gleichmäßig bräunen.

Eine beschichtete Pfanne erhitzen und die Fladen darin – je nach Größe einzeln oder portionsweise – backen, bis sie von unten leicht gebräunt sind, dann umdrehen, mit weiterem Fett bestreichen und von der anderen Seite fertig backen. Die fertig gebackenen Masala Roti noch einmal wenden, aus der Pfanne heben, auf einen mit einem sauberen Tuch oder Küchenpapier bedeckten Teller legen, zudecken und warm stellen. Die restlichen Fladen auf gleiche Weise backen.

Bhakhri schmecken hervorragend mit dickem Joghurt und Mangochutney oder einem anderen Chutney.

500 g Weizenvollkornmehl
1/2 TL gemahlene Kurkuma
1 TL Chilipulver
1 1/2 TL Salz
1 Prise gemahlener Asant
6 EL Pflanzenöl, zerlassene Butter oder Ghee
1 TL Kreuzkümmelsamen, geröstet und grob gemahlen
120 ml Joghurt mit Lebendkulturen

Dazu passt

dicker Joghurt und Mango- oder anderes Chutney (siehe Seite 212–219)

MISSIE ROTI

FLADENBROT MIT KICHERERBSENMEHL UND SPINAT

Ergibt 12 Stück

Fladenbrot wird in Indien aus unterschiedlichen Mehlsorten gebacken, je nachdem, welches Getreide in der jeweiligen Region angebaut wird. Einige nehmen Maismehl, andere Weizenvollkornmehl oder einfaches Weißmehl. Hier werden drei Mehle kombiniert, darunter nussiges Kichererbsenmehl, das ich sehr schätze. Man kann sich aber auch auf eine oder zwei Mehlsorten beschränken, wenn nicht mehr zur Hand sind, und die Mengen einfach entsprechend anpassen. Dieses Fladenbrot ist ein ganz besonders populäres Vergnügen. Es kommt bei uns sogar oft als Abendessen auf den Tisch, wenn wir müde sind und der Kühlschrank außer altbackenem Roti, *Joghurt und Chutney nicht viel hergibt!*

Alle drei Mehle und das Salz in eine große Rührschüssel sieben. Den Spinat und die rote Zwiebel fein hacken und unter die Mehle mischen. Das erwärmte Öl dazugeben und so viel Wasser einarbeiten, dass ein fester Teig entsteht. Jedes Mehl ist anders, und manche Mehle binden mehr Wasser als andere. Den Teig mit der Hand einige Minute durchkneten oder 1 Minute mit den Knethaken der Küchenmaschine durcharbeiten, bis er glatt und elastisch ist.

Den Teig zu einem großen Kloß formen und mit Frischhaltefolie oder einem feuchten Tuch bedeckt mindestens 30 Minuten ruhen lassen. Dabei wird der Teig manchmal etwas weicher, was völlig in Ordnung ist. Wird er jedoch zu weich, sollte man noch etwas Kichererbsenmehl einarbeiten.

Den Teig auf der bemehlten Arbeitsfläche zu 12 gleich großen Bällchen formen. Ein Teigbällchen etwa 3 mm dünn zu einem Oval ausrollen. Den Fladen mit etwas Öl oder zerlassener Butter bestreichen und leicht mit Mehl bestäuben. Die beiden längeren Seiten zur Mitte hin einschlagen, mit weiterer Butter einfetten, erneut mit Mehl bestäuben und noch einmal einschlagen, sodass ein mehrschichtiger Teigstreifen entsteht. Den Streifen mit Daumen und Zeigefinger der einen Hand festhalten und mit der anderen Hand nach und nach wie eine Schnecke aufrollen. Die restlichen Teigbällchen in gleicher Weise verarbeiten.

Eine beschichtete Pfanne auf mittlerer Stufe erhitzen. Die erste Roti-Schnecke auf die Arbeitsfläche legen, so dünn wie möglich ausrollen – nicht dicker als 1–3 mm – und in der Pfanne backen, bis die Unterseite leicht gebräunt ist. Den Fladen mit etwas zerlassener Butter bestreichen und wenden. Sobald auch die andere Seite gebräunt ist, erneut umdrehen und auch diese Seite mit Butter einfetten. Das Roti noch ein- oder zweimal in der Pfanne wenden und dann auf einen mit einem Küchentuch oder Küchenpapier bedeckten Teller legen. Zugedeckt warm stellen. Die restlichen Rotis in gleicher Weise backen. Die Pfanne jeweils mit Küchenpapier auswischen, bevor Sie den nächsten Fladen einlegen. Die gebackenen Rotis möglichst sofort servieren. Man kann sie aber auch im Ofen oder ganz kurz in der Mikrowelle wieder erwärmen. Mit einem süßen Chutney oder Pickle und dickem Joghurt schmecken sie auch kalt sehr gut.

250 g Kichererbsenmehl oder Besan, plus Mehl zum Bestäuben
150 g Weizenvollkornmehl
100 g Weizenmehl
$1^1/_2$ TL Salz
40–50 junge Spinatblätter
1 rote Zwiebel
$1^1/_2$ EL Sonnenblumen- oder Rapsöl, erwärmt
2 EL zerlassene Butter

500 g Basmatireis
1–2 EL Sonnenblumen- oder Rapsöl
oder 20 g Butter
5 cm Zimtstange
6 grüne Kardamomkapseln, gespalten
1–2 Lorbeerblätter
1 Stückchen Muskatblüte
1 TL Kreuzkümmelsamen, geröstet

BAAFAELA CHAWAL

BASMATI-REIS

Für 4–6 Portionen

Baafaela Chawal *bedeutet in der gujaratischen Sprache »gekochter Reis«, auf Hindi heißt er* Oobla Hua Chawal. *Dabei kann der Reis, wie bei diesem Rezept, auch mit verschiedenen Gewürzen aromatisiert sein. Man kann sie aber auch weglassen. Es gibt mehrere Verfahrensweisen, Reis zu garen. Man kann ihn dämpfen, ausquellen lassen oder in reichlich Wasser kochen. Hier kommt die letztgenannte Methode zum Einsatz, die wunderbar locker-luftigen Reis liefert.*

Den Reis behutsam waschen, abtropfen lassen und für 15–30 Minuten beiseitestellen.

In einem großen Topf 3–4 Liter Wasser mit dem Öl oder der Butter und dem Salz zum Kochen bringen. Den Reis und sämtliche Gewürze hineingeben und die ersten 2–3 Minuten bedächtig umrühren, damit die Reiskörner nicht verklumpen. Einige Reissorten benötigen nur 6–8 Minuten, andere etwa 10 Minuten, lesen Sie die Packungsanleitung und kontrollieren Sie regelmäßig den Gargrad – der Reis sollte weich sein, jedoch noch etwas Biss haben.

Den Reis in ein ausreichend großes Sieb abgießen und mit einer Gabel auflockern. Die Gewürze nach Belieben entfernen.

Das Kochwasser kann man weiterverwenden. Bei mir zu Hause bereiten wir daraus köstliche Suppen, sei es eine klare Suppe mit gewürfeltem Gemüse, Kräutern und vielleicht etwas Fleisch oder eine gebundene Suppe, bei der das Gemüse zunächst gegart und dann püriert wird.

115 g getrocknete Kichererbsen, über Nacht in kaltem Wasser eingeweicht, oder 1 Dose (400 g), abgetropft
5 EL Sonnenblumen- oder Rapsöl
5 cm Zimtstange
3–4 Gewürznelken
1–2 rote Chilis, längs halbiert
1 TL Kreuzkümmel, gemahlen
5–6 Knoblauchzehen, fein gehackt
4 Zwiebeln, halbiert und in dünne Streifen geschnitten
400–500 g Basmatireis
etwa 2 TL Salz oder nach Geschmack
etwa 750 ml Brühe ($1^1/_2$ x das Reisvolumen)
2 EL gehacktes Koriandergrün

CHOLEY PALAV

KICHERERBSEN-PULAO

Ergibt 4–6 Portionen

Es gibt viele verschiedene Sorten von Kichererbsen. Die beliebteste ist eine großsamige helle Sorte namens Bengali Channa. *Die eiweißreichen Hülsenfrüchte lassen sich auf vielfältige Weise zubereiten. Dieser einfache* Pulao *ist eine ausgezeichnete Beilage zu vielen Gerichten der indischen Küche. Indische Zimtkassie, wenn Sie welche bekommen, sorgt für ein noch feineres Aroma als gewöhnlicher Zimt.*

Bei Verwendung getrockneter Kichererbsen diese über Nacht einweichen, abgießen und abtropfen lassen. Die eingeweichten Hülsenfrüchte in reichlich sprudelnd kochendem Wasser etwa 10 Minuten garen, leicht salzen und bei milder Hitze 45–60 Minuten köcheln lassen, bis sie weich sind. Abtropfen und beiseitestellen.

In einem hohen Topf mit fest schließendem Deckel 3 Esslöffel des Öls kräftig erhitzen. Zimt, Nelken und Chilis hineingeben und unter Rühren braten. Sobald die Nelken aufquellen, den Kreuzkümmel hinzufügen und alles 1 weitere Minute anrösten. Den Knoblauch und nach weiteren 30 Sekunden die Hälfte der Zwiebeln zugeben und anschwitzen, bis der Knoblauch etwas Farbe genommen hat. Den Reis zu den Gewürzen geben und 1–2 Minuten unter ständigem Rühren anschwitzen, dann mit der Brühe ablöschen, salzen und bei schwächster Hitze ausquellen lassen. Den Reis dabei regelmäßig umrühren.

Sobald der Reis den größten Teil der Brühe aufgenommen hat und nur am Rand noch etwas Flüssigkeit zu erkennen ist, die Kichererbsen unterrühren und zugedeckt bei schwächster Hitze weiter ausquellen lassen, bis er die Flüssigkeit vollständig aufgenommen hat. Dabei immer wieder den Reis vom Topfboden losrühren. Das dauert 30–40 Minuten.

Kurz vor Ende der Garzeit das restliche Öl in einer Pfanne erhitzen und die restlichen Zwiebeln bei mittlerer Hitze in etwa 6 Minuten goldbraun braten; dabei regelmäßig umrühren.

Den Pulao abschmecken, mit den Röstzwiebeln garnieren, mit dem gehackten Koriandergrün bestreuen und servieren.

5–6 schwarze Pfefferkörner
1–2,5 cm Zimtstange
3–4 Gewürznelken
1 TL Koriandersamen
1 geh. TL Sesamsamen
2–3 EL getrocknete Kokosraspel
1 geh. TL Kreuzkümmelsamen
8–10 Tindolas oder
1 große Zucchini
60 ml Sonnenblumenöl oder
Ghee
1/2 TL schwarze Senfsamen
1 große Prise gemahlener Asant
10–12 Curryblätter (möglichst
frisch)
2 festkochende Kartoffeln,
geschält und gewürfelt
1 Aubergine, gewürfelt
125 g frisch gepalte oder
tiefgefrorene Erbsen
3–4 grüne Chilis, gehackt
250–300 g Basmatireis,
gewaschen und eingeweicht
1/2 TL gemahlene Kurkuma
1 geh. EL Cashew-Kerne, grob
gehackt
2–3 geh.EL ungeröstete, geschäl-
te Erdnüsse
Salz nach Geschmack
2 EL gehacktes Koriandergrün
40 g Butter oder Ghee

Zum Garnieren

frisch geriebenes Kokosmark

MASALA BHAAT

SCHARFER GEMÜSEREIS

Für 4 Personen

Dieses Kapitel wäre unvollständig ohne diese köstliche Spezialität aus Maharashtra. Ich lernte in jungen Jahren bei Freunden verschiedene Versionen kennen und jede der Mütter behauptete, ihr Rezept stamme von der eigenen Großmutter und sei das beste. Wie konnte ich widersprechen, wenn ich mir an ihrem Tisch den Bauch vollschlug? Außerdem schmeckten sie wirklich fabelhaft. Ich hoffe, mein Rezept kommt den ihren wenigstens nahe, zumal ich all die von großen Könnern aufgeschnappten Tipps und Tricks beherzigt habe. An unsere Mütter reichen wir Köche ohnehin nicht heran, so sehr wir uns auch bemühen.

Masala Bhaat *ist eine Art Gemüse-*Pulao *mit einer interessanten Mischung aus Gewürzen und Nüssen. Man genießt es am besten mit einem dünnen* Daal *und einem guten* Pickle *oder* Chutney *dazu. Die Zubereitung mag aufwendig erscheinen, und die Zutatenliste ist lang, aber vertrauen Sie mir, es lohnt sich.*

In einem Wok oder einer Pfanne Pfefferkörner, Zimt, Nelken, Koriandersamen, Sesam, Kokosraspel und die Hälfte der Kreuzkümmelsamen bei schwacher Hitze rösten, bis die Gewürze aromatisch duften und die Kokosraspel goldgelb sind. Die Mischung im Mörser mahlen und beiseitestellen.

Wenn Sie Tindolas bekommen, die Früchte waschen, an den Enden kappen und der Länge nach vierteln. Wenn Sie eine Zucchini verwenden, diese quer vierteln und dann in Stifte schneiden.

In einem Schmortopf das Öl erhitzen. Die Senfsamen hineingeben und sobald sie zu knistern beginnen, den restlichen Kreuzkümmel und den Asant hinzufügen. Sobald das Knistern abebbt, die Curryblätter und das Gemüse einschließlich der Chilis dazugeben und das Ganze 5–6 Minuten anschwitzen, dann den Reis und die Kurkuma hinzufügen und gründlich mit dem Gemüse verrühren. Alles weitere 3–5 Minuten anschwitzen, dann die gemahlenen Gewürze, die Cashew-Kerne und die Erdnüsse untermischen.

So viel Wasser angießen, dass der Topfinhalt etwa 2,5 cm hoch bedeckt ist, das Gericht salzen, aufkochen und bei schwacher Hitze zugedeckt etwa 20 Minuten garen, bis der Reis das Wasser aufgenommen hat und weich ist.

Am Ende der Garzeit den Deckel abnehmen und die Restflüssigkeit 1–2 Minuten verdampfen lassen. Butter oder Ghee und das gehackte Koriandergrün zugeben und gründlich unter den Gemüsereis mischen. Diesen noch einmal abschmecken und kurz vor dem Servieren mit frisch geriebenem Kokosmark bestreuen.

LAAPSI KHICHDI À LA PERVIN

REIS UND MUNGBOHNEN MIT ZWIEBELN UND TOMATEN

Für 4 Personen

Dies ist ein fabelhaftes Khichdi, *das inzwischen die ganze Familie mag. Meine Frau hat jedoch ein bisschen herumexperimentiert und ihr Rezept auf unsere persönlichen Vorlieben und Geschmäcker abgestimmt. Darum kann ich nicht unbedingt behaupten, meines sei das beste. Die Gewürzmischung variiert von Haus zu Haus, aber Zwiebeln, Knoblauch und Tomaten kommen in jedem Fall hinein.* Laapsi *ist ein anderes Wort für »nass«, doch anders als der Name vermuten lässt, ist das Ergebnis eher sämig als flüssig.*

Serviert wird dieses Gericht traditionell mit Choonda, *einem Chutney aus Gujarat, das aus geraspelter roher Mango, vermischt mit Gewürzen und Zucker, zubereitet und in der Sonne gereift wird. Falls Sie keine halbierten Mungbohnen bekommen, nehmen Sie gelbe Linsen oder Spalterbsen.*

Den Reis und die Mungbohnen zusammen gründlich waschen, mit kaltem Wasser bedecken und mindestens 30 Minuten einweichen. Inzwischen die Zwiebel und den Knoblauch schälen und fein hacken, die Tomaten halbieren und das Fruchtfleisch in Würfel schneiden.

Das Öl in einem großen Schmortopf mit fest schließendem Deckel erhitzen und den Kreuzkümmel etwa 30 Sekunden rösten, bis er aromatisch duftet. Den Asant und den Knoblauch zugeben und unter beständigem Rühren anschwitzen. Sobald der Knoblauch etwas Farbe annimmt, die gehackte Zwiebel hinzufügen und etwa 5 Minuten anschwitzen, bis sie goldgelb und weich ist.

Reis und Mungbohnen abtropfen und mit den Tomaten sowie Kurkuma, Chilipulver und gemahlenem Kreuzkümmel zu den anderen Zutaten in den Topf geben. Die Mischung 1–2 Minuten unter Rühren erhitzen, dann reichlich 1 Liter Wasser angießen, die Butter zugeben, salzen und das Ganze zugedeckt bei mittlerer Hitze 30–40 Minuten garen. Dabei gelegentlich umrühren, damit die Mischung nicht ansetzt. Anders als bei anderen Reisgerichten muss der Reis gut durchgegart werden, also keine Sorge, wenn die Angelegenheit etwas breiig wird, genauso soll Laapsi sein. Wird der Reis zu trocken, noch etwas Wasser unterrühren.

Sobald der Reis und die Mungbohnen gar sind und das Khichdi in der Konsistenz ein wenig an Haferbrei erinnert, den Topf vom Herd nehmen und das Koriandergrün unterrühren.

Das Gericht abschmecken und mit Choonda oder Mangochutney, Papadams und Frühlingszwiebeln servieren.

400 g Basmatireis
200 g halbierte, gelbe Mungbohnen (Moong Daal)
1 rote Zwiebel
4 Knoblauchzehen
2–3 Tomaten
2 EL Sonnenblumen- oder Rapsöl
1 TL Kreuzkümmelsamen
1 Prise gemahlener Asant
$^1/_2$ TL gemahlene Kurkuma
$^1/_4$ TL Chilipulver
$^1/_4$ TL gemahlener Kreuzkümmel
20 g Butter
1 TL Salz
1 geh. EL gehacktes Koriandergrün

Dazu passt

Choonda oder ein scharf-süßes Mangochutney, Papadams und klein geschnittene Frühlingszwiebeln

500 g mageres Lammfleisch, gewürfelt
200 g griechischer Joghurt
Pflanzen- oder Rapsöl zum Frittieren
500 g Zwiebeln, halbiert und in ganz feine Streifen geschnitten

Für das Masala
500 g Zwiebeln, in feine Streifen geschnitten
2 cm Zimtstange
4–5 grüne Kardamomkapseln, gespalten
3–4 Gewürznelken
2–3 große rote Chilis
2 große grüne Chilis, fein gehackt
5 cm frischer Ingwer, fein gehackt
4–6 Knoblauchzehen
1 TL gemahlener Kreuzkümmel
2 TL gemahlener Koriander
1 TL Chilipulver
$^{1}/_{2}$ TL gemahlene Kurkuma
Salz nach Geschmack

CYRUSÍ GOS NO PULAO

CYRUS' LAMM-PULAO

Für 4 Personen

Es gibt zahlreiche Rezepte für Lamm-Pulao (oder Pilaw), und jeder behauptet, seines oder ihres sei das allerbeste. Dies ist mein lange erprobtes Rezept. Ich habe einige ältere Vorbilder und Methoden optimiert und kombiniert, und herausgekommen ist ein Rezept, das anders als andere, die ich probiert habe, narrensicher ist. Pulaos *sind opulente Gerichte, die man zu festlichen Anlässen isst oder wenn man sich etwas Gutes tun möchte. In Indien verwendet man für* Pulaos *und* Biryanis *Basmatireis von Spitzenqualität. Basmati wird nach Alter und Qualität eingestuft. In den meisten Haushalten wird guter Reis in luftdicht verschlossenen Behältern gelagert und nacheinander reihum verarbeitet, niemals aber im Jahr der Herstellung. Älterer Reis hat ein besseres Aroma und reift, wenn er fachgerecht gelagert wird, wie guter Wein.*

Das Lammfleisch in einem Behälter mit Deckel mit dem Joghurt vermengen und zugedeckt über Nacht in den Kühlschrank stellen.

Am nächsten Tag das Frittieröl in einem Schmortopf erhitzen und die Zwiebeln goldbraun und knusprig frittieren. Mit einem Schaumlöffel herausheben und auf Küchenpapier abtropfen lassen. Die Zwiebeln und das Öl zur Weiterverwendung beiseitestellen.

Für das Masala die Zwiebeln gründlich in kaltem Wasser waschen und abtropfen. Die Zwiebeln vor dem Frittieren in einer Salatschleuder trockenschleudern. Das Frittieröl wieder erhitzen und die Zwiebeln darin goldgelb anbraten, mit einem Schaumlöffel herausheben und in einem Sieb abtropfen lassen. Sie garen in der Resthitze noch etwas nach.

In demselben Öl die unzerkleinerten Gewürze und die roten Chilis kurz unter Rühren anrösten, bis sie leicht gebräunt sind. Die gebräunten Zwiebeln dazugeben und bei mäßiger Hitze einige weitere Minuten braten, bis die Mischung eine kräftige Farbe angenommen hat. Mit einer Schaumkelle herausnehmen, in ein Sieb geben und möglichst viel von dem Öl auffangen und zurück in den Topf abtropfen lassen.

Das Öl bis fast zum Rauchpunkt erhitzen, das marinierte Lammfleisch hineingeben und von allen Seiten scharf anbraten. Die gehackten grünen Chilis, Ingwer und Knoblauch zugeben und etwas Farbe annehmen lassen.

Die gemahlenen Gewürze mit 300 ml Wasser verrühren, das Fleisch damit ablöschen und salzen. Alles aufkochen und bei milder Hitze köcheln lassen, bis die Flüssigkeit weitgehend verdampft ist; ab und zu umrühren, damit nichts ansetzt. Die gebratenen Zwiebeln und die ganzen Gewürze unter das Fleisch rühren, nach Bedarf ewas Wasser angießen und das Ganze zugedeckt auf kleiner Flamme etwa 40 Minuten schmoren, bis das Fleisch fast gar ist und in einer sämigen Sauce schwimmt. Die Sauce abschmecken.

Den Reis in einer Schüssel gründlich waschen, bis das Wasser klar bleibt. Abtropfen lassen und beiseitestellen.

Fortsetzung auf der nächsten Seite

CYRUSÍ GOS NO PULAO
CYRUS' LAMM-PULAO

Fortsetzung von der vorhergehenden Seite

Für den Pulao 4–5 Liter Wasser mit den Gewürzen sprudelnd aufkochen, den Reis hineingeben und bei starker Hitze 1–2 Minuten unter ständigem Rühren kochen, dann bei schwacher Hitze 6–7 Minuten garen, sodass er noch Biss hat, in ein Sieb abgießen und die Gewürze nach Belieben entfernen.

Den Backofen auf 150 °C vorheizen. In einem sehr kleinen Topf den Safran behutsam erhitzen, bis er duftet. Vorsicht! Nicht verbrennen lassen! Sofort 150 ml kaltes Wasser zugießen und langsam zum Sieden bringen. Zugedeckt beiseitestellen und ziehen lassen.

Die Hälfte des gegarten Reises in eine Schüssel geben und das Safranwasser untermengen. Möglichst alle Safranfäden aus dem Topf kratzen.

In einem großen Schmortopf mit fest schließendem Deckel die Butter gleichmäßig zerlaufen lassen. Die Hälfte der frittierten Zwiebeln unter den verbliebenen Reis mischen, alles in den Topf schichten und glatt streichen. Die Hälfte des Koriandergrüns und der Minze darüberstreuen und die Hälfte der Tomaten und Kartoffeln darauf verteilen.

Das Lammfleisch samt der Sauce darüberschichten. Dabei den Topf mit einem Spatel sorgfältig auskratzen. Das Fleisch mit dem Rest des Koriandergrüns und der Minze bestreuen und die restlichen Tomaten und Kartoffeln darauf verteilen. Die Eier halbieren und mit dem Eigelb nach oben zwischen die Kartoffeln und Tomaten setzen. Alles gleichmäßig mit dem Safranreis bedecken, mit den restlichen frittierten Zwiebeln bestreuen (einen Löffel für die Garnitur zurückbehalten) und mit dem Limettensaft beträufeln.

Das Pulao zugedeckt im heißen Ofen auf mittlerer Schiene 1$^1/_2$ Stunden schmoren. Nach etwa 40 Minuten die Temperatur auf 120 °C reduzieren. Auf keinen Fall vorzeitig den Deckel abnehmen, der Dampf soll im Topf bleiben.

Am Ende der Garzeit den Schmortopf aus dem Ofen nehmen und die einzelnen Schichten behutsam vermischen. Das Pulao auf einer großen Platte anrichten, mit den restlichen Zwiebeln garnieren und mit Masala Daal, Gurken-Raita und Kachumber servieren.

Für den Pulao

500 g Basmatireis
2 Lorbeerblätter
4–5 grüne Kardamomkapseln, gespalten
1 TL Salz

Zum Fertigstellen

1 großzügige Prise Safranfäden
40 g Butter
2–3 geh. EL gehacktes Koriandergrün
2 geh. EL gehackte Minze
2–3 Tomaten, geviertelt
3–4 gegarte Kartoffeln, geschält und gewürfelt
3–4 hart gekochte Eier, geschält
Saft von 1 Limette

Dazu passt

Masala Daal oder ein einfaches Gurken-Raita und frisches Kachumber (siehe Seite 93)

800 g–1 kg Tomaten, halbiert oder geviertelt
2,5 cm frischer Ingwer
4–6 Knoblauchzehen
3 EL Sonnenblumen- oder Rapsöl
2 weiße oder rote Zwiebeln, halbiert und in dünne Streifen geschnitten
400–500 g Basmatireis
5–6 schwarze Pfefferkörner
2–3 Gewürznelken
Salz nach Geschmack
2–3 geh. EL gehacktes Koriandergrün

Dazu passt

dicker Joghurt (nach Belieben)

Tamatar ka bhaat

Tomatenreis

Für 4 Personen

Dieses ebenso einfache wie leckere Rezept für Tomatenreis ist großartig und funktioniert hervorragend. Er ist als Tamatar ka bhaat *bekannt und stellt eine weitere köstliche Zubereitungsart für Reis dar. Man serviert es als Beilage zu vielen Fleisch- und Gemüsegerichten und/oder zu Daals. Ich habe mich für diese Version entschieden, um einmal mehr die Vielfalt der indischen Küche zu illustrieren. Sie ist zwar alt, aber immer noch zeitgemäß.*

Die Tomaten in einem großen Topf mit 400–500 ml kochendem Wasser übergießen, zum Kochen bringen, 8–10 Minuten garen, von der Kochstelle nehmen und kurz abkühlen lassen.

Inzwischen den Ingwer und den Knoblauch im Mörser zu einer Paste zermahlen, unter die Tomaten mischen und alles mit dem Stabmixer pürieren oder durch ein Sieb streichen.

Das Öl in einer Pfanne oder einem Wok erhitzen und die Zwiebeln darin bei mäßiger Hitze in 5–10 Minuten behutsam bräunen. Inzwischen den Reis in einem Sieb gründlich waschen und abtropfen. Pfefferkörner, Nelken und den Reis zu den Zwiebeln in die Pfanne geben und 2–3 Minuten unter ständigem Rühren anschwitzen.

Den Pfanneninhalt unter das Tomatenpüree mischen. 500 ml kochendes Wasser angießen und das Ganze aufkochen. Den Tomatenreis nach Geschmack salzen, gründlich umrühren und bei schwächster Hitze zugedeckt 15–20 Minuten ziehen lassen, bis der Reis die gesamte Flüssigkeit aufgenommen hat und gar ist. Nach der Hälfte der Zeit einmal durchrühren.

Den Tomatenreis abschmecken, mit dem Koriandergrün bestreuen und servieren. Das Gericht schmeckt auch kalt mit Joghurt.

PICKLES UND CHUTNEYS

Während das weltweit gebräuchliche Wort Chutney indischen Ursprungs ist, ist der Begriff Pickles wahrhaft britisch, und da die Briten mittlerweile die indische Küche mit ihrer ungeheuren Vielfalt an Pasten, Pickles und Gewürzen weit mehr schätzen als ihre eigene, lässt sich wohl mit Fug und Recht annehmen, dass Chutneys fast in aller Munde sind, und das nicht nur im englischsprachigen Raum, sondern auch auf dem europäischen Kontinent, wo man ebenfalls beginnt, die Qualitäten der indischen Küche zu entdecken.

Seit wir 1991 nach England kamen, hat sich der Geschmackssinn der Briten derart entwickelt, dass er sich heute möglicherweise mit den feinsten und anspruchsvollsten Gaumen der Welt messen kann!

Die Kunst des Konservierens ist weltumspannend, zeitlos und wird praktiziert, seit der Mensch das Prinzip der Jahreszeiten zu begreifen begann. Jede Küche ist anders, je nach der Region, die sie hervorgebracht hat, den natürlichen Gegebenheiten, in denen sie sich entwickelt hat, den Produkten, dem Fleisch- und Fischangebot und vor allem dem Klima.

Ganz besonderer Techniken des Konservierens bedient man sich traditionell im Osten Indiens, wo überwiegend tropisches Klima herrscht. Trotz der langen und starken Sonneneinstrahlung ist die Luft stark mit Pilzsporen und Bakterien belastet, die die Nahrung rasch zersetzen. Gewürze und Öl sind die wichtigsten Gegenmittel, bei vielen Chutneys sind es auch Gewürze und Zucker.

In Indien isst man Chutneys und Pickles zur eigentlichen Mahlzeit, nicht etwa als Amuse-Gueule mit Papadams und Minzsauce. Und kein Inder käme auf die Idee, die Papadams einfach zu zertrümmern, wie es bei den Briten üblich ist. Werden Papadams zum Drink serviert, dann meist geröstet und ohne Pickles und Chutneys. Alles andere ist eine rein britische Angewohnheit, ich habe keine Ahnung, woher sie kommt.

Für die Armen Indiens, die sich gerade mal einen dicken, nahrhaften Kanten Brot leisten können, ist ein Löffel voll Pickle oder Chutney oft das einzige Element einer Mahlzeit, das ein bisschen Geschmack bietet, und entsprechend genussvoll wird er verzehrt. Wir Inder verwenden Pickles und Chutneys als Würzsaucen und Beigaben zu Brot. Sie sollen den Geschmack der Speisen unterstreichen, und da sie gut konserviert sind, kommen sie das ganze Jahr über auf den Tisch.

In unseren Restaurants haben wir seit etwa 1995 keine Fertig-Chutneys mehr angeboten. Nachdem wir einmal begonnen hatten, sie selbst zuzubereiten, verwendeten wir nur noch unsere eigenen und ließen das gekaufte Mangochutney, das wir auf Wunsch unserer Gäste serviert hatten, langsam auslaufen. Heute wünschen die Gäste unser Chutney!

Entdecken Sie hier die vielen Möglichkeiten, das Sortiment Ihres Gewürzregals zu erweitern, und lassen Sie der Fantasie freien Lauf, wenn Sie mit Chutneys kochen, einen Braten glasieren oder sie einfach als pikantes oder exotisches Extra unter die Pasta mengen.

NARIAL NI LEELI CHUTNEY

GRÜNES KOKOS-CHUTNEY AUF PARSISCHE ART

Ergibt 1 mittelgroßes Glas

Dies ist eine schmackhafte Abwandlung des Grünen Chutneys auf Seite 215. Wir Parsen mögen es am liebsten mit viel Minze und etwas pikant abgeschmeckt. Wer mag, darf auch weniger Minze und Chilis nehmen. Das Chutney schmeckt hervorragend auf Kartoffelscheiben und Tomaten, in Chapati oder Naan-Brot gewickelt und als Sandwich genossen. Wir essen dieses Chutney auch zu Linsen mit Reis als Beilage.

Getrocknete Kokosraspel mit 150 ml heißem Wasser übergießen und 1 Stunde quellen lassen, bis sie weich sind und die Flüssigkeit absorbiert haben. Falls nötig, noch etwas mehr Wasser zugeben.

Das Kokosmark mit sämtlichen anderen Zutaten im Mixer zu einer glatten Paste pürieren. Nach Belieben etwas Wasser einarbeiten.

Das Chutney in ein sterilisiertes Glas mit Schraubverschluss füllen und fest verschlossen im Kühlschrank lagern. Das Chutney mit einem sauberen, trockenen Löffel entnehmen und vor dem Wiederverschließen den Glasrand säubern, so bleibt es länger frisch. Innerhalb von 2 Wochen verbrauchen.

Mark von 1 Kokosnuss, gerieben, oder 200 g getrocknete Kokosraspel
$^1/_2$ TL Kreuzkümmelsamen
4 EL gehacktes Koriandergrün (Blätter und Stiele)
3–4 große Zweige Minze, abgezupft (30–40 Blätter)
4–5 grüne Chilis
4–6 Knoblauchzehen, geschält
5 cm frischer Ingwer, geschält und grob gehackt
1 TL extrafeiner Zucker
1 TL Salz
Saft von $^1/_2$ Limette

Zum Garnieren

$^1/_2$ TL Kreuzkümmelsamen

GAJJAR NU ACHAAR

EINFACHES MÖHREN-PICKLES

Ergibt etwa 1 kg

In Indien werden Pickles gewöhnlich in der Sonne gereift und bis zur nächsten Saison eingelagert. In Ländern, in denen sich die Sonne gern rarmacht, muss man zu anderen Mitteln greifen. Die Gewürze werden in Öl geröstet und das Gemüse manchmal gegart, um das Pickles zu konservieren. Dieses Pickles wird mit der Zeit immer besser. Lassen Sie eines der Gläser einige Monate stehen und genießen sie es, wenn es am besten schmeckt.

1 kg Möhren
$1^1/_2$–2 EL Salz
2 EL schwarze Senfsamen
1 TL Bockshornkleesamen (Methi)
1 EL Kreuzkümmelsamen
5 cm Zimtstange
5–6 Gewürznelken
200 ml Sonnenblumen- oder Rapsöl
1 gestr. EL gemahlene Kurkuma
2 EL Chilipulver
2–3 EL extrafeiner Zucker

Die Möhren schälen und in 5 mm dünne und 4–5 cm lange Stifte schneiden. In einer Schüssel mit dem Salz bestreuen, gründlich durchmischen und einige Stunden stehen lassen.

Inzwischen in einer Pfanne Senfsamen, Bockshornklee, Kreuzkümmel, Zimt und Nelken etwa 30 Sekunden unter Rühren rösten, bis die Mischung duftet. Beiseitestellen und etwas abkühlen lassen. Die gerösteten Gewürze im Mörser zermahlen.

Die Möhren gründlich ausdrücken und in eine saubere Schüssel (vorzugsweise aus Edelstahl) geben.

Das Öl in einem Topf stark erhitzen, von der Kochstelle nehmen, sämtliche Gewürze hineingeben und unter ständigem Rühren etwas abkühlen lassen. Den Zucker unter die Möhren mengen, alles zu dem gewürzten Öl in den Topf geben, sorgfältig vermischen und abkühlen lassen.

Das Möhrenpickles in sterilisierte Gläser abfüllen, fest verschließen und vor Gebrauch an einem dunklen Ort mindestens 1 Woche durchziehen lassen. Das Öl setzt sich mit der Zeit an der Oberfläche ab, während das Pickles sein charakteristisches Aroma entwickelt.

Damit es möglichst lange hält, das Pickles immer mit einem trockenen, sauberen Löffel entnehmen und das Glas nach Abwischen des Glasrandes mit Küchenpapier gleich wieder verschließen.

HARI CHUTNEY

GRÜNES CHUTNEY

Ergibt 1 kleines Glas

(siehe Bild Seite 41)

Dieses Chutney wird auf dem gesamten indischen Subkontinent in verschiedenen Varianten zubereitet. Normalerweise wird es nur aus frischen grünen Zutaten zubereitet, mit Ausnahme einiger getrockneter Gewürze, die man wahlweise zugeben kann. Grünes Chutney ist äußerst vielseitig einsetzbar und eine ideale Ergänzung zu allen möglichen Snacks und Tandoori-Gerichten vom Holzkohlegrill.

4 EL gehacktes Koriandergrün (Blätter und Stiele)
3–4 große Zweige Minze, abgezupft (30–40 Blätter)
4–5 grüne Chilis
4–6 Knoblauchzehen, geschält
5 cm frischer Ingwer, geschält und grob gehackt
1 TL Salz
1 TL extrafeiner Zucker
Saft von 1/2 Limette

Sämtliche Zutaten im Mixer oder mit dem Pürierstab zu einer glatten Paste verarbeiten. Falls nötig, etwas Wasser zugeben, damit das Messer besser schneidet. Gegebenenfalls das Gerät zwischendurch kurz ausschalten, um den Becherrand zu säubern.

Das grüne Chutney in ein sterilisiertes Glas mit Schraubverschluss abfüllen und bis zum Verbrauch im Kühlschrank lagern. Es hält sich gute 2 Wochen, wenn man es mit einem trockenen, sauberen Löffel entnimmt und die Ränder des Glases sauber hält.

STAR
KIRTI
MH.01
J.4728

BHARELA MARCHA NU ACHAAR

EINGELEGTE GEFÜLLTE CHILIS

Ergibt etwa 1 kg

Chili-Pickles sind in ganz Indien populär. Die Chilis variieren in Größe, Form und vor allem in der Schärfe. Es gibt zahlreiche Sorten von eingelegten Chilis. Diese sind einfach und schnell in der Zubereitung und geben vielen Snacks und Currys den letzten Schliff.

1 EL Bockshornkleesamen (Methi)
2 geh. EL schwarze Senfsamen
3–4 EL Sesamsamen
5–6 Gewürznelken
5 cm Zimtstange
3 EL Salz
2 EL extrafeiner Zucker
1 TL gemahlener Asant
1 kg dicke, kurze rote oder grüne Chilis
500 ml Sonnenblumen- oder Rapsöl

Sämtliche Samen sowie die Gewürznelken und den Zimt in einer kleinen Pfanne unter Rühren 30 Sekunden rösten, bis die Mischung anfängt zu duften, anschließend im Mörser mit dem Salz und Zucker zermahlen. Den Asant unter die Gewürzmischung mengen.

Die Chilis waschen und abtrocknen. Die Schoten der Länge nach in der Mitte einschneiden, jedoch nicht ganz durch- oder aufschneiden.

Die Chilis mit der vorbereiteten Gewürzmischung füllen und in eine Edelstahl- oder eine große Glasschüssel legen.

Das Öl in einer Pfanne stark erhitzen und heiß über die Chilis gießen. Die Schüssel mit einem Tuch abdecken und die Chilis vor dem Abfüllen 4–5 Tage im Öl ziehen lassen, dann in sterilisierte Gläser mit Schraubverschluss umfüllen. Dabei darauf achten, dass die Chilis vollständig mit Öl bedeckt sind.

Die Chilis vor dem Verbrauch mindestens noch eine Woche, am besten 10–12 Tage durchziehen lassen, im Kühlschrank lagern und bei Bedarf mit Öl auffüllen. Sie halten sich bis zu 6 Monate.

LASUN CHI TIKHAT

SCHARFES KNOBLAUCH-CHUTNEY NACH ART VON MAHARASHTRA

Ergibt 1 kleines Glas

Dieses ebenso simple wie schmackhafte Chutney schmeckt fantastisch zu allen Fleisch- und Geflügelgerichten. Es lässt sich im Voraus zubereiten und einfrieren. Einfach einige Stunden vor dem Servieren auftauen und kurz durchrühren.

10–12 Knoblauchzehen
200 g getrocknete Kokosraspel
1 EL Kreuzkümmelsamen
6–8 große getrocknete rote Chilis
2–3 geh. EL Sesamsamen
40 g geschälte Erdnüsse
1 Stück gepresstes Tamarindenmark ohne Steine von der Größe einer großen Limette
2 TL Salz

Sämtliche Zutaten außer dem Tamarindenmark und dem Salz in einer Pfanne 1–2 Minuten unter Rühren rösten, bis Kokosraspel, Sesamsamen, Erdnüsse und Knoblauch gebräunt sind. Nicht verbrennen lassen!

Die Mischung sofort in einer Moulinette oder im Mixer zerkleinern. Tamarindenmark und das Salz zugeben und erneut mixen, bis eine Paste entstanden ist. Falls nötig, zwischendurch kurz stoppen und den Becherrand säubern.

Das Knoblauch-Chutney in ein steriles Glas mit Schraubverschluss füllen. Es hält sich im Kühlschrank bis zu 1 Woche.

DESSERTS

Desserts und Süßigkeiten sind ein wichtiger Bestandteil des indischen Speiseplans, egal ob man sie nun für gesund oder eher für ungesund hält. Die meisten Verlockungen wie *Gulab jamuns* (frittierte Teigbällchen), *Rusgullas* (süße Käsebällchen), *Jalaebis* (in Sirup getränkte, frittierte Teigspiralen), *Rasmalai* (Quarkbällchen) usw. isst man jedoch als Naschwerk, weniger als Dessert. Trotzdem hat die indische Küche auch einige köstliche Desserts zu bieten, und Bombay ist die beste Adresse, um einige alte Klassiker zu kosten, von denen viele britisch beeinflusst sind.

In früheren Zeiten gab es dort einen Laden, der nur Süßspeisen und Eiscreme verkaufte. Er hieß *Jai Hindi*, was schlicht »Lang lebe Indien« bedeutet. Wer etwas Kleingeld übrig hatte, legte es in Götterspeise mit Vanillesauce, Karamellcreme, Früchte-Trifle, englischen Cabinet-Pudding oder Brotpudding an oder gönnte sich einen Eisbecher. Mit der Zeit verlor der Laden an Charme und wurde schließlich von Immobilienspekulanten geschlossen. Doch auch ohne das *Jai Hindi* bietet Bombay der ständig wachsenden Zahl an Gourmands und Gourmets durchaus noch altbewährte Gaumenfreuden, teils auch in modernem Anstrich.

Die meisten indischen Süßspeisen werden auf Milchbasis zubereitet und sind reich an Zucker und all jenen ungesunden Dingen, die man besser meiden soll. Doch der Durchschnittsinder ist eine unverbesserliche Naschkatze und durchquert wie wir damals in jungen Jahren sogar mitten in der Nacht die ganze Stadt, um an einer Eisdiele, die vielleicht für ihr Zimtapfeleis berühmt ist, seine Lieblingssorte zu genießen.

Das legendäre *Britannia Restaurant* am Ballard Pier ist die beste Adresse für Karamellcreme – das Paradestück unter seinen Desserts –, und seien Sie versichert, sie können es dort mit jeder Konkurrenz aufnehmen.

Indische Desserts sind von den britischen Klassikern inspiriert, Gerichte wie Reispudding, Kokospudding oder Grießpudding hat man kurzerhand dem indischen Geschmack angepasst und mit landesüblichen Gewürzen und Aromen einen indischen Einschlag verpasst.

In einem typischen südindischen Restaurant wird zum Beispiel zum Frühstück ein süßer Grießpudding serviert, *Cheers* genannt, der aus Weizenvollkornmehl und Weizengrieß oder nur aus Grieß zubereitet wird.

Bombaybesucher sollten unbedingt einen Abstecher in einen der vielen Süßwarenläden oder in eine der sogenannten Dairies (wörtlich: Molkereien) machen, die kleine Snacks und Milchspeisen servieren – und die gesundheitlichen Bedenken für ein paar sündige Momente zurückstellen. Man kann sich glatt darin verlieren!

Jeder Teil Bombays ist für eine andere Spezialität bekannt. Da lohnt es zu wissen, wo es das beste *Gajjar ka Halwa* (Seite 230) gibt, das beste *Aflatoon* oder das beste *Mawa khaaja* ein geschichtetes Blätterteigtörtchen, gefüllt mit einer gesüßten Milchcreme – Bombays Antwort auf das französische *Mille feuille*. Man muss sehr standhaft sein, um all dem zu widerstehen, und einen robusten Magen haben, um es zu vertragen.

1,5 l Vollmilch
200 g extrafeiner Zucker
1 TL natürliches Vanillearoma
4 Eier

CRÈME CARAMEL PUDIM À LA BOMBAY

KARAMELLCREME AUF BOMBAY-ART

Für 6 Personen

Die Briten haben zahlreiche Spuren im kulinarischen Fundus Indiens hinterlassen, ganz besonders in Bombay, Kalkutta und Bangalore. Noch heute gibt es in Bombay ein Restaurant mit dem treffenden Namen Britannia, *in dem es die beste Karamellcreme Indiens gibt. Wir können natürlich nicht mit dem exakten Rezept aufwarten, doch spiegelt dieses zumindest den typischen Geschmack, den besonders wir Parsen so schätzen.*

Üben Sie sich aber in Geduld, bis die Konsistenz der Creme wirklich perfekt ist, und verwenden Sie nur die besten Zutaten.

Die Milch in einem beschichteten Topf mit dickem Boden zum Kochen bringen und bei schwacher Hitze um ein Drittel einkochen lassen; den Topfrand regelmäßig säubern. Sobald die Milch siedet, den Topfrand immer wieder mit einem in Wasser leicht angefeuchteten Pinsel befeuchten, damit die eindickende Milch nicht antrocknet. Regelmäßig umrühren und mit einem flachen Holzspatel immer wieder über den Topfboden fahren, damit die Milch nicht ansetzt. Keinesfalls anbrennen lassen, nicht ungeduldig werden, die Mischung in Ruhe eindicken lassen. Am Ende ist sie hellbraun und duftet nach Karamell.

Inzwischen in einer Pfanne mit dickem Boden 150 g Zucker mit 1 Esslöffel Wasser langsam erhitzen und goldbraun karamellisieren lassen. Nicht umrühren, sonst kristallisiert der Zucker wieder aus. Sobald er eine schöne Bernsteinfarbe angenommen hat, den Karamell in eine vorgewärmte, flache Backform mit 1,5 Liter Fassungsvermögen gießen und rasch durch Neigen gleichmäßig verlaufen lassen. Vorsicht, heißer Karamell kann zu schmerzhaften Verbrennungen führen!

Den Backofen auf 120 °C vorheizen. Die reduzierte Milch mit dem elektrischen Handrührgerät glatt schlagen und leicht abkühlen lassen.

Die Eier in einer großen Schüssel mit 1 gehäuften Esslöffel des restlichen Zuckers zu einer feinen Schaummasse rühren. Nach und nach die warme Milch unterschlagen, bis alles gleichmäßig vermengt ist. Das Vanillearoma unter die Creme rühren und diese nach Geschmack noch etwas nachsüßen, aber nicht zu stark, der Karamell bringt genügend Süße mit.

Die Creme durch ein Sieb über die Karamellschicht in die Form gießen. Die Form in die Fettpfanne des Backofens stellen und etwa 1 cm hoch kochendes Wasser angießen.

Die Karamellcreme im Ofen etwa 1 Stunde im Wasserbad garen, bis sie gestockt ist. Sie sollte elastisch, aber fest sein. Aus dem Wasserbad nehmen und abkühlen lassen. Nach Belieben in der Form servieren oder auf eine Platte stürzen und genießen!

3 EL Sonnenblumenöl
6 blanchierte Mandeln,
in dicke Scheibchen gehobelt
6–8 geschälte Pistazien, gehobelt
8–10 Cashew-Kerne, grob gehackt
1–2 EL Sultaninen
40 g Butter
100 g feiner bis mittelfeiner Grieß
3–4 EL extrafeiner Zucker
1 Prise Safranfäden (nach Belieben)
750 ml kalte Milch
$^1/_2$ TL geriebene Muskatnuss
$^1/_2$ TL gemahlener Kardamom
einige Tröpfchen natürliches
Vanillearoma
1 TL Rosenwasser
einige Rosenblütenblätter (nach
Belieben)

DOODH NO RAWO

PARSISCHER GRIESSPUDDING

Für 4–5 Personen

Ebenfalls typisch indisch, doch mit parsischem Einschlag, was Geschmack und Fülle angeht! Dieses Rezept stammt nicht von einer Frau, sondern von einem Mann, und zwar von mir! Es sieht vielleicht etwas nüchtern aus, doch seien Sie versichert, nie hat Ihnen Grieß besser geschmeckt. Viele Parsen reichern den Pudding zusätzlich mit Eigelben an, das ist aber nicht unbedingt nötig.

In einem nicht zu großen Topf das Öl erhitzen und darin sämtliche Nüsse bei mittlerer Hitze rösten. Sobald sie Farbe annehmen, die Sultaninen untermengen. Wenn die Nüsse goldbraun sind, alles mit einer Schaumkelle herausheben und auf Küchenpapier abtropfen und abkühlen lassen.

Die Butter zu dem Öl in den Topf geben. Sobald sie aufschäumt, den Grieß hinzufügen und die Hitze etwas reduzieren. Mit einem Holzlöffel oder Spatel beständig umrühren und den Grieß 8–10 Minuten anrösten, bis er leicht Farbe genommen hat; besonders an den Rändern rühren, da er dort leicht ansetzt und verbrennt. Den Zucker dazugeben und weitere 4 Minuten rösten, dann den Topf vom Herd nehmen und das Ganze einige Sekunden abkühlen lassen.

Bei Verwendung von Safran diesen in einer kleinen Pfanne bei geringer Hitze sanft anrösten. Den Safran unter den Grieß mengen, dann zügig die Milch angießen und dabei kräftig rühren oder schlagen, damit sich keine Klumpen bilden.

Den Topf wieder auf den Herd stellen und den Grieß unter behutsamem Rühren 10–12 Minuten kochen, bis er dick ist. Wird die Masse zu fest, noch etwas Milch unterrühren. Der Brei sollte noch gießfähig sein. Muskat, Kardamom, Vanillearoma und Rosenwasser unter den Grießbrei rühren, diesen noch 1–2 Minuten erhitzen und abschmecken.

Den Grießpudding in einer Schüssel anrichten, mit den gerösteten Nüssen bestreuen und warm servieren. Dabei nach Belieben mit Rosenblütenblättern garnieren. Die meisten Rosensorten sind essbar, und in Indien werden sie gern als Garnitur für Süßspeisen eingesetzt.

GAJJAR KA HALWA

MÖHRENKONFEKT

Für 4 Personen

Vielleicht das bekannteste Konfekt unter Indiens vielen süßen Verlockungen. Es ist besonders im Norden im Winter beliebt – in jedem Dairy Café sieht man die Leute bei einer Tasse frisch gebrühtem Tee und frisch gebackenem heißem Möhrenkonfekt *sitzen. Es schmeckt am besten warm, ist aber auch kalt nicht zu verachten. Bio-Möhren sind am besten geeignet, je dunkler, desto besser.*

Das Ghee in einem Topf mit dickem Boden erhitzen und die Kardamomsamen darin unter Rühren 30 Sekunden anrösten, bis sie duften. Die geraspelten Möhren sowie 150 ml kaltes Wasser dazugeben, aufkochen und alles unter Rühren 5–10 Minuten kochen, bis die Möhren weich sind und die Flüssigkeit nahezu verkocht ist.

Die Milch zu den Möhren gießen und das Ganze bei starker Hitze ununterbrochen umrühren, bis sie aufkocht, dann bei schwacher Hitze unter häufigem Umrühren leise köcheln lassen, bis die Milch fast verdampft und die Mischung relativ trocken ist. Das kann bis zu 1 Stunde dauern, dann den Zucker zu den Möhren geben und diese weitere 10 Minuten unter Rühren garen, bis die Masse krümelig ist und die Möhren fast zerfallen sind. Den Großteil der Nüsse und Rosinen unter die Möhrenmasse mengen, diese in Schälchen anrichten und mit den restlichen Nüssen und Rosinen bestreut heiß oder kalt servieren.

2 EL Ghee, ersatzweise Butterschmalz
6 Kardamomkapseln, nur die Samen
500 g geraspelte Möhren
500 ml Milch
200 g extrafeiner Zucker
2 EL gehackte Pistazienkerne oder Mandeln
2 EL Rosinen

1,5 l Vollmilch
2 EL extrafeiner Zucker, oder nach Geschmack
4 Eier
1 EL Rosenwasser
$^1/_2$ TL natürliches Vanillearoma
$^1/_2$ TL gemahlener Kardamom
$^1/_2$ TL geriebene Muskatnuss
10–12 blanchierte Mandeln, gehobelt
1 EL Charoli oder geröstete Pinienkerne
10–12 gestiftelte und blanchierte Pistazien

LAGAN NU CUSHTARR

KARAMELLPUDDING NACH BOMBAY-ART

Für 4–6 Personen

Ein traditioneller, im Wasserbad gegarter Pudding der parsischen Küche, wie man ihn bei festlichen Essen und auf Hochzeiten serviert. Er ist gehaltvoll und aromatisch, und mit Vollmilch zubereitet wird er besonders cremig. Wer auf seine Linie achten muss, darf natürlich auch entrahmte Milch nehmen.

Die Milch in einem beschichteten Topf mit dickem Boden bis zum Siedepunkt erhitzen, dann bei schwacher Hitze etwa 1 Stunde leise köcheln lassen, bis sie auf die Hälfte eingekocht ist. Den Topfrand regelmäßig mit einem Pinsel mit kaltem Wasser benetzen, damit die eindickende Milch nicht antrocknet. Den Pinsel dabei nur leicht anfeuchten, um die Milch nicht wieder zu verwässern. Außerdem mit einem flachen Holzspatel immer wieder den Topfboden abschaben, damit die Milch nicht ansetzt. Sie darf keinesfalls anbrennen. Die Milch sollte am Ende nussbraun sein und einen nussig-karamelligen Duft verströmen. Sobald sie auf etwa 750 ml reduziert ist, den Zucker zugeben und unter Rühren auflösen. Die Milch von der Kochstelle nehmen und einige Minuten abkühlen lassen.

Die Eier in einer großen Schüssel mit dem elektrischen Handrührgerät schaumig rühren. Etwas von der reduzierten Milch dazugeben und rasch unterrühren, dann nach und nach die restliche Milch und zuletzt Rosenwasser, Vanillearoma, Kardamom und Muskatnuss unterrühren. Weiterrühren, bis die Mischung ganz glatt und cremig ist.

Den Ofen auf 180 °C vorheizen. Die Creme durch ein Sieb in eine Auflaufform mit 1 Liter Fassungsvermögen gießen und gleichmäßig mit den Nüssen bestreuen. Die Form in die Fettpfanne des Backofens stellen und diese 1 cm hoch mit kochendem Wasser füllen. Den Pudding im heißen Ofen rund 10 Minuten garen, dann die Temperatur auf 160 °C reduzieren und weitere 40 Minuten garen, bis der Pudding gestockt ist und beim Einstechen mit einer Messerspitze keine Rückstände haften bleiben. Die Oberfläche sollte goldbraun sein. Ist sie es nicht, den Pudding mit etwas zerlassener Butter bestreichen und unter dem mäßig heißen Grill goldbraun überbacken. Die Form ab und zu drehen, damit er gleichmäßig bräunt.

Den Pudding vollständig abkühlen lassen, bis er schnittfest ist, und in Portionsstücke schneiden.

500 g dicker Joghurt (Rahmstufe)
1 Prise Safranfäden
1 EL Milch
3–4 EL extrafeiner Zucker
1 TL gemahlener Kardamom
1 TL Rosenwasser
8–10 gehobelte blanchierte Mandeln
8–10 gehobelte blanchierte Pistazienkerne
1 EL Charoli oder geröstete Pinienkerne

SHRIKHAND

JOGHURTDESSERT MIT SAFRAN

Für 4–6 Personen

Shrikhand *ist ein in Indien äußerst beliebtes Dessert, das überall auf dem Subkontinent mit Begeisterung genossen wird. Worin es sich von Region zu Region unterscheiden mag, sind die Aromabeigaben, die eventuelle Zugabe von Nüssen und der Grad der Süße. Man kann es mit* Pooris *(siehe Seite 180 oder 189)* *oder einfach so servieren.* Shrikhand *ist sehr gehaltvoll, also in kleinen Portionen genießen.*

Den Joghurt in ein sauberes Küchentuch oder Käseleinen einschlagen und die offenen Enden lose verschnüren. Das Tuch samt Inhalt für 2–3 Stunden über die Spüle oder eine Schüssel hängen, bis sämtliche Flüssigkeit abgetropft ist. Man kann den Joghurt auch über Nacht im Kühlschrank über einer Schüssel abtropfen lassen.

Inzwischen die Safranfäden in einer kleinen Pfanne kurz rösten, in eine Tasse geben, die Milch zugießen und ziehen lassen.

Den abgetropften Joghurt in eine große Schüssel geben, auch die am Tuch haftenden Rückstände abkratzen und hineingeben. Die Masse mit einem Schneebesen kräftig durchschlagen, bis sie ganz glatt und homogen ist. Dabei hin und wieder mit einem Gummispatel den Schüsselrand abschaben. Den Zucker zum Joghurt geben und weiter schlagen, bis er sich ganz aufgelöst hat. Dann nacheinander den gemahlenen Kardamom, die Safranmilch und das Rosenwasser unter die Joghurtmasse geben und diese nach Belieben mit etwas Zucker abschmecken.

Den Joghurt in einer dekorativen Schüssel anrichten und kalt stellen. Vor dem Servieren mit den Nüssen bestreuen.

GETRÄNKE

Wer schon einmal in Bombay war, wird sich vielleicht gefragt haben, was die vielen kleinen Handkarren eigentlich verkaufen. Vorsicht! Diese Erfrischungen sind schieres Gift für Menschen mit einem empfindlichen Magen, und wer sie trinkt, wird mit einiger Wahrscheinlichkeit Magen- und Darmbeschwerden bekommen. Um den Durst risikofrei zu löschen, ist ein gepflegtes Restaurant in jedem Fall die bessere Adresse.

Limbu Pani (Seite 242), eine frische Limettenlimonade, ist der beste Durstlöscher. Neben einer ordentlichen Dosis Vitamin C kann sie aber auch Unmengen von Zucker enthalten. Bestehen Sie darauf, Zucker und Salz selbst zuzugeben, dann wird meist ein wunderbar erfrischendes Getränk daraus. Bitten Sie auch um die Verwendung von Mineralwasser, damit das Wasser in jedem Fall sauber ist. Eine Prise gerösteter und zerstoßener Kreuzkümmel sorgt für Extrawürze, viele geben auch gern ein wenig Salz hinein.

Zuckerrohrsaft ist ein fabelhaftes natürliches Getränk. Er wird aus frischem Zuckerrohr gepresst und mit frischem Ingwer gemischt, ein Energieschub, der einen glatt umhaut.

Im Sommer trinken die Inder gern würzige Buttermilch und *Lassí* (Seite 249), einen gesüßten oder salzigen Trinkjoghurt, oder auch *Masala Lassí* (Seite 254). Der mittlerweile weithin bekannte und populäre Lassí ist schon lange kein Exot mehr.

Solkadhi (Seite 245), ein wunderbar belebender Drink aus dem Fruchtfleisch von Mangostanen und Kokosmilch, häufig gewürzt mit geröstetem Asant und Senfsamen, wird in Restaurants entlang der indischen Küste angeboten.

Natürlich darf man nicht das eine Getränk vergessen, das ganz Indien eint (abgesehen vielleicht von einigen Regionen im Süden, wo man Kaffee vorzieht), *Masala Wali Chai* (Seite 256), gewürzter Tee mit Milch, *Pani cum chai* und natürlich die hochwertigen »First Flush«-Tees, die in den besseren Hotels serviert, nie aber auf der Straße angeboten werden. Der Tee der Straße wird aus »Dust«, fein gesiebtem Teepulver, zubereitet und eine halbe Ewigkeit zu einem dunklen, dicken Gebräu gekocht. Mit Milch vermischt ist er der Chai der einfachen Leute in Bombay. Die Portugiesen übernahmen den Begriff als »Chá« in ihren Wortschatz und verwenden ihn noch heute.

Das englische Wort »Tea« war eigentlich ein Kürzel, das auf asiatischen Teekisten als Prüfsiegel zur Freigabe für den Export eingebrannt wurde. Die Vorliebe der Briten für Tee ist einer portugiesischen Prinzessin zu verdanken, die als Königin von England den zeremoniellen Nachmittagstee bei Hof einführte. Die Hochzeit der Katharina von Braganza mit König Karl II. im Jahre 1662 machte Großbritannien zu einer Nation der Teetrinker, und es waren die für die Königsfamilie bestimmten T.E.A.-Kisten aus Asien, die dem Getränk schließlich seinen Namen gaben.

In Indien verbreitete sich der Teekonsum infolge der britischen Kolonialherrschaft erst im 19. Jahrhundert, aber schon bald wurde es dank großflächigen Anbaus zu einem der wichtigsten Teeproduzenten.

Tee ist für mich ein Lebenselixier und eine dampfende Teetasse zu jeder Tages- und Nachtzeit ein willkommener Anblick.

Nov. - 2012
M.R.P. Rs. 14

Saft von 1–2 Limetten
2–3 EL Zucker
1 Prise Salz
1 Prise gemahlener Kreuzkümmel (nach Belieben)
gekühltes Mineralwasser mit oder ohne Kohlensäure

LIMBU PANI

FRISCHE LIMETTENLIMONADE

Für 1 Person

Diese Limonade wird in den Straßen jeder größeren Stadt Indiens angeboten. Wie Lassí ist Limonade aus frisch gepresstem Limettensaft sehr populär, jedoch leichter und erfrischender. In heißen Sommern gleicht sie den hohen Flüssigkeitsverlust aus und wirkt Austrocknung und Übelkeit als Folge der extremen Hitze entgegen. In Indien geben wir schwarzes Steinsalz – Kala namak *– hinzu, das reich an gesunden Mineralien ist. Es hat ein ausgeprägt schwefelartiges Aroma. Sie sollten es unbedingt probieren, wenn Sie es finden!*

Den Limettensaft in ein Glas geben. Zucker, Salz und Kreuzkümmel, falls verwendet, und 1 Esslöffel Wasser hinzufügen. Gut umrühren, bis sich Zucker und Salz vollständig aufgelöst haben.

Den Limettensaft mit bis zu 1/2 Liter kaltem Mineralwasser auffüllen, umrühren und kalt servieren. In Europa kann man anstelle des Mineralwassers bedenkenlos auch Leitungswasser verwenden.

6–8 getrocknete Mangostanen (Kokam)
2–3 große Knoblauchzehen, zerstoßen
500 ml Coconut Cream
1 Prise Salz
2 EL gehacktes Koriandergrün

SOLKADHI

KOKAM-DIGESTIF

Ergibt 4 Gläser

Bei Solkadhi *(sola chi kodi oder solkodi, wie man auch sagt) denkt man sofort an Curry, weil es das perfekte Getränk zu einem Curry ist. Es wird aus getrockneten Mangostanen (Kokams) zubereitet, die kühlende Eigenschaften haben und für ihre Heilwirkungen bekannt sind. Man bekommt sie über das Internet oder im Asia-Laden.* Solkadhi *ist leuchtend rosa und sieht aus wie ein dünner Milchshake. Dieses Rezept stammt teils aus Goa, teils aus Maharashtra. Über gekochten Reis gegossen ist es ein gutes Mittel gegen eine Magenverstimmung. Statt Coconut Cream und Wasser kann man auch zwei Dosen Kokosmilch zu je 400 ml nehmen.*

1/2 l Wasser aufkochen, die Mangostanen in einer Schüssel damit übergießen und das Ganze abkühlen lassen.

Die abgekühlten Mangostanen herausnehmen und über der Schüssel kräftig ausdrücken, um möglichst viel an Aromastoffen herauszupressen, oder – noch besser – die Früchte samt Wasser im Mixer vollständig pürieren. Die Knoblauchzehen dazugeben und erneut mixen.

Die Coconut Cream mit 200 ml Wasser glatt rühren und die Mangostanen-Knoblauch-Mischung durch ein Sieb hineinseihen.

Das Solkadhi salzen und abschmecken; es sollte leicht herb, säuerlich und erfrischend schmecken. Das Koriandergrün hineingeben, gut unterrühren und das Getränk vor dem Servieren etwa 1 Stunde durchkühlen.

54.

200 g gekühlter dicker Vollmilchjoghurt
4 Eiswürfel
1 kräftige Prise Salz oder feiner Zucker nach Geschmack

PLAIN LASSÍ

LASSÍ NATUR

Für 1 Person

Lassí ist nichts anderes als ein erfrischender durchgerührter Joghurtdrink. Ganz wichtig ist die Qualität – für einen guten Lassí ist der beste Joghurt gerade gut genug. Entrahmter oder gar fettfreier Joghurt kommt nicht infrage. In Indien verwendet man gewöhnlich Joghurt aus Büffelmilch, der etwa 10 bis 12 Prozent Fett enthält. So viel muss es nicht unbedingt sein, da der Lassí auf diese Weise entsprechend schwerer wird. Auch europäischer Vollmilchjoghurt oder fettarmer griechischer Joghurt sind bestens geeignet, wenn Sie auf die Linie achten. Lassí kann süß oder salzig abgeschmeckt werden. Für eine leichtere Variante können Sie Joghurt und Milch im Verhältnis eins zu eins mischen.

Den Joghurt und die Eiswürfel in den Mixer geben. Nach Geschmack salzen oder süßen.

Im Mixer oder mit dem Pürierstab mixen, bis die Mischung schaumig ist, in ein Glas füllen und servieren.

AAM KI LASSÍ

MANGO-LASSÍ

Für 1 Person

Da der Joghurt in Indien recht gehaltvoll ist, genießen viele Inder im Sommer, wenn es besonders heiß ist, anstelle einer Mahlzeit nur einen Lassí, vor allem mit Mango oder anderen Früchten, oder bestenfalls einen leichten Imbiss. Lassís lassen sich mit vielen verschiedenen Früchten zubereiten, etwa mit einer Handvoll Erdbeeren oder Himbeeren, mit einem geschälten, entsteinten Pfirsich oder auch mit einer geschälten, entkernten Papaya. Wer mag, kann den Lassí mit frischem Limettensaft leicht säuerlich abschmecken.

1 frische Mango, geschält, Fruchtfleisch in Stücke geschnitten
120 ml kalter dicker Vollmilchjoghurt
4 Eiswürfel
etwas kalte Milch oder kaltes Wasser (nach Belieben)
Zucker nach Geschmack
einige Minze- oder Korianderblätter, fein gehackt

Die vorbereitete Mango mit dem Joghurt und den Eiswürfeln im Mixer pürieren, bis die Mischung glatt und schaumig ist. Nach Geschmack süßen, in ein Glas füllen und mit der Minze oder dem Koriandergrün bestreuen. Sofort servieren.

JEERA LASSÍ

LASSÍ MIT KREUZKÜMMEL

Für 1 Person

Kreuzkümmel heißt auf Hindi Jeera. *Auch im Englischen ist diese Bezeichnung gebräuchlich. Er verleiht einem einfachen Lassí eine wunderbar warme, erdige Note und wirkt wahre Wunder bei einem verstimmten oder übersäuerten Magen und allgemeinem Unwohlsein.*

1 TL Kreuzkümmelsamen
200 g dicker Vollmilchjoghurt
4 Eiswürfel
1 großzügige Prise Salz

Eine kleine Pfanne erhitzen. Den Kreuzkümmel hineingeben und unter Rühren 30 Sekunden bis 1 Minute rösten, bis er dunkelbraun ist und duftet. Sofort in einen Mörser geben und mit dem Stößel fein zermahlen.

Den Joghurt, die Eiswürfel und etwas Salz in den Mixer geben und etwa drei Viertel des Kreuzkümmels hinzufügen. Die Mischung aufschäumen, bis sie glatt ist.

Den Lassí in ein Glas füllen, mit dem restlichen Kreuzkümmel bestreuen und kalt servieren.

MASALA LASSÍ

PIKANTER LASSÍ

Für 1 Person

Dieser Lassí ist sehr aromatisch und schmeckt ausgezeichnet zu einem Curry oder einem kleinen Imbiss. Zudem fördert er die Verdauung, wenn man zu viel gegessen hat oder der Magen rebelliert. Wer es etwas kräftiger mag, kann die gehackten Kräuter auch untermixen, anstatt sie nur als Garnitur zu verwenden.

Den Joghurt mit sämtlichen anderen Zutaten außer der Minze oder dem Koriandergrün in einen Mixer geben und aufschäumen, bis die Mischung glatt ist.

Den Lassí in ein Glas füllen, mit Minze oder Koriandergrün bestreuen und sofort servieren.

200 g kalter dicker Vollmilchjoghurt
$^{1}/_{2}$ TL Kreuzkümmelsamen
2 cm frischer Ingwer, geschält und gehackt
1 kleines Stückchen milder grüner Chili, entkernt und gehackt
1 Prise Salz
1 Prise feiner Zucker
4 Eiswürfel
einige Minze- oder Korianderblätter, fein gehackt

MASALA WALI CHAI

KLASSISCHER CHAI

Für 4 Personen

Dies ist ein einfaches Grundrezept für den klassischen Chai, das sich aber beliebig ergänzen lässt. Wir Parsen geben gern Zitronengras und frische Minze in den Tee, selbst hier in London haben wir immer einen Vorrat an Zitronengras im Tiefkühlfach. Schon ein kleines Stückchen Zitronengras oder einige zerriebene Minzeblätter, die man kurz vor Ende zugibt und ziehen lässt, bewirken ein kleines Geschmackswunder. Man sollte jedoch mit beidem nicht übertreiben, sonst bleibt das feine süßlich-würzige Aroma das Tees auf der Strecke. Ebenfalls eine Option ist ein 2,5 cm großes, fein zerstoßenes Stückchen frischer Ingwer. Verschafft Linderung bei Erkältungssymptomen.

Die Milch mit $^1/_2$ l Wasser in einen beschichteten Topf gießen, Kardamom, Pfeffer und Zimt dazugeben und das Ganze bis zum Siedepunkt erhitzen. Auf schwache Hitze schalten, die Mischung einige Minuten leise ziehen lassen und dann erneut aufkochen.

Sobald die Flüssigkeit aufwallt, den Tee hineingeben und die Hitze sofort wieder reduzieren. Den Topf mit einem Deckel verschließen und von der Kochstelle nehmen.

Den Tee 2 Minuten ziehen lassen, bis er sich gesetzt hat. Nach Geschmack mit Zucker süßen, durch ein Sieb gießen und servieren. Oder den Zucker separat dazureichen.

250 ml Vollmilch
2–3 grüne Kardamomkapseln, zerstoßen
2–3 schwarze Pfefferkörner, grob zerstoßen
2–2,5 cm Zimtstange
1 EL lose Teeblätter
feiner Zucker nach Geschmack (Inder lieben stark gesüßten Tee)

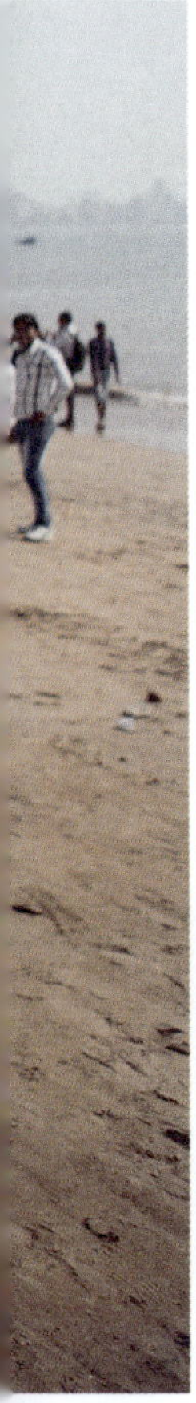

REGISTER

DER AUTOR

CYRUS TODIWALA OBE, DL

(Officer of the Most Excellent Order of the British Empire, Deputy Lieutenant)

Von »Kochgenie« bis zum »Schöpfer des besten Currys der Stadt«** – was wurde nicht schon alles über diesen in Bombay geborenen Parsen geschrieben. Doch der Chef-Patron der Restaurants* Café Spice Namasté, Mr Todiwala's Kitchen *und* The Park Café *am Victoria Park ist trotz aller Lobeshymnen immer auf dem Boden geblieben.*

Cyrus Todiwala kocht, unterrichtet, führt drei Restaurants und engagiert sich nebenbei noch für wohltätige Zwecke und die Gemeinde. Sein ruheloser, unternehmerischer Geist steht nie still. Er scheut keine Herausforderung, ob er im Alter von 21 Jahren den sicheren Posten eines Küchenchefs der Taj-Hotelgruppe in Goa aufgibt, um in Großbritannien noch einmal ganz von vorn anzufangen, oder unerschrocken Zutaten, Aromen und Gewürze kombiniert, wie es noch kein indischer Koch vor ihm gewagt hat.

Bei seinen alle vier bis fünf Wochen im *Café Spice Namasté* veranstalteten »Khaadraas Club Dinners«, Cyrus' »am schlechtesten gehütetes Geheimnis«, präsentiert er alte Familienrezepte seiner Mutter und Tanten aus Bombay und anderen Teilen Indiens. Sie haben mittlerweile Kultstatus und machten das reiche kulinarische Erbe der parsischen Minderheit einem breiten Publikum bekannt.

Im Jahre 2011 eröffnete er gemeinsam mit seiner Frau Pervin im Hotel *Hilton*, London Heathrow, das exklusive Restaurant *Mr Todiwala's Kitchen*, zwei Jahre später folgte das *Park Café* am Victoria Park East in London. Obwohl er noch selbst aktiv am Herd steht, tritt er regelmäßig in Kochshows wie *Saturday Kitchen* der BBC und anderen Programmen auf und hat bereits drei Bücher veröffentlicht – *International Cuisine: India*, *Café Spice Namasté: New Wave Indian Cuisine* und *Indian Summer*. Er reist um den gesamten Erdball zu wichtigen Food-Festivals wie dem *Abergavenny Food Festival* in Wales, wo seine hausgemachten glutenfreien Pickles und Chutneys – *Mr Todiwala's Splendidly Spicy Pickles and Chutneys* – noch vor Ende der Show ausverkauft sind.

Sein engagiertes Eintreten für Nachhaltigkeit und regionale Produkte hat dem *Café Spice Namasté* eine Reihe von Umweltauszeichnungen eingetragen, darunter der *Sustainable Food Award* der *Corporation of London* und ein »Preis für besondere Verdienste« des *Footprint Forum* für sein Engagement für die Umwelt.

Heute ist Cyrus stolzer Träger des *Special Award* der *Craft Guild of Chefs* und wurde zum Mitglied der *Royal Academy of Culinary Arts* und der *Master Chefs of Great Britain* ernannt. 2013 gewann das *Café Spice Namasté*, das er vor 18 Jahren mit seiner Frau gegründet hatte, bei den *Asian Business Awards* die Auszeichnung als »Bestes Asiatisches Restaurant«. Cyrus gehört zu nur einer Handvoll britisch-asiatischer Köche, die es in das Personenverzeichnis des *Who's Who* geschafft haben.

Cyrus sitzt in einer Reihe von Ausschüssen wie dem *London Food Board*, das dem Bürgermeister untersteht, und dem *Hospitality Guild*. Er ist Mitglied des *Asian Restaurant Skills Board*, das das Ansehen und die Attraktivität des asiatischen Restaurantgewerbes als Berufsperspektive fördern soll – eine Aufgabe, die ihm als Gründer und Pionier der *Asian & Oriental School of Catering* im Jahre 2000, die seither viele andere Köche ermutigt hat, eigene Ausbildungsbetriebe zu eröffnen, sehr am Herzen liegt. Als unermüdlicher Vordenker rief er gemeinsam mit den *Master Chefs of Great Britain* im Jahre 2013 »The Asian Junior Chefs Challenge« ins Leben, den ersten Wettbewerb seiner Art, der die asiatische Küche einer neuen Generation von heimischen Nachwuchstalenten näher bringen soll. Er ist aktiver Botschafter von *Springboard UK*, einer wohltätigen Stiftung zur Förderung des Hotel- und Gastgewerbes.

Cyrus bekam im Jahre 2000 für seine Leistungen in Lehre und Ausbildung von Königin Elisabeth II. den britischen Verdienstorden MBE (Member) verliehen und wurde im Jahre 2009 für seine Verdienste im Gastgewerbe zum OBE (Officer) ernannt. Außerdem ist er *Deputy Lieutenant of Greater London*. 2012 kochte er anlässlich des Thronjubiläums der Queen das erste Mittagessen ihrer *Diamond Jubilee Tour*, den mittlerweile berühmten »Country Captain« Shepherd's Pie.

Cyrus ist mit Pervin Todiwala, seiner gleichberechtigten Partnerin in dem Familienunternehmen (unter anderm!), verheiratet. Sie haben zwei Söhne.

Weitere Ehrungen und Auszeichnungen

Deputy Lieutenant, Greater London

Ehrendoktorwürde der Fakultät für Betriebswirtschaft der London Metropolitan University

Honorarprofessor der London School of Tourism, Hospitality & Leisure (University of West London)

Springboard Special Award

Cateys Education & Training Award

ITV Tio Pepe Award, ›Outstanding Contribution to London Restaurants‹

British Curry Awards Industry Personality of the Year

Culinary Honour of Merit – Epicurean World Master Chefs Society

Bester indischer Koch des Vereinigten Königreichs

BIBA Restaurant Personality of the Year

Arena Accolade

London Evening Standard 1000 Most Influential List – 2010

London Chamber of Commerce & Industry Leadership in Sustainability Award – 2011

2011 Corporation of London Sustainable Food Award – verliehen an das *Café Spice Namasté*

Footprint Awards 2012 – Special Achievement Award

Power 101 List of Most Influential British Asians – 2012

Footprint Awards 2013 – Stakeholder Engagement Award – Zweiter Platz – verliehen an das *Café Spice Namasté*

Fellow of The Institute of Hospitality

Fellow of the Royal Society of Arts

Fellow of The World Epicurean Master Chefs Society

**Harpers & Queen*

*** Charles Campion*

DANK

Jeder Mensch braucht auf seinem Lebensweg die Unterstützung anderer. In meinem Leben gab es unzählige Menschen, die mir geholfen haben und denen ich zu Dank verpflichtet bin. Sie alle aufzuzählen, würde vermutlich ein weiteres Buch füllen!

Zuallererst gilt mein Dank den Angehörigen. Meine Mutter, meinen Vater und den weiteren Familienkreis habe ich bereits erwähnt. Ihnen bin ich zu größter Dankbarkeit verpflichtet, dass sie mir den Beruf ermöglicht haben, der mir in meinem Leben so viel gegeben hat. Sehr dankbar bin ich auch für das Wissen und die Fähigkeiten, die sie mir vermittelt haben, und für ihren großen Anteil an der vielfältigen Unterstützung, die mir widerfahren ist und die es mir erlaubt hat, all das zu lernen, das ich nun meinerseits weitergeben kann.

Auch ohne die Hilfe und das bedingungslose Engagement meiner wunderbaren Frau Pervin hätte ich es nicht sehr weit gebracht. Sie ist und bleibt die ausgleichende Kraft und erledigt die gesamte Organisation. Dazu gehören auch die Hunderte von Kursen, die ich nicht nur in Großbritannien, sondern an so entfernten Orten wie den USA, Dubai, dem Fernen Osten, Europa, Brasilien und Südafrika gebe. Wenn ich meinen Teil bereits erledigt habe, ist sie da, um die Arbeit abzuschließen – wie bei diesem Buch!

Meinem Küchenteam gebührt die größte Anerkennung für all das, was ich erreicht habe. Da wären die Köche Mathias, Manpreet, Raju und Mehboob, die immer in die Bresche springen, wenn ich anderweitig beschäftigt bin, oder bereits mein ganzes »Mise-en-place«, die mühsamen Vorbereitungsarbeiten, erledigt haben, sodass ich all die Pickles, Chutneys und Spezialitäten nur noch fertigzustellen brauche. Ohne sie könnte ich meine Kreativität nicht entwickeln und unser umfangreiches, mannigfaltiges Speisenangebot wäre nicht möglich – und all die Landwirte, Fischer und Erzeuger überall in Großbritannien, die nicht zuletzt von Leuten wie uns abhängen, um ihre Produkte unter das Volk zu bringen, bräuchten mich erst gar nicht zu kontaktieren.

Was dieses Buch angeht, muss unsere liebe Freundin Mahrukh Panthakey erwähnt werden, die mit ihrem Mann eine der führenden Augenlaser-Kliniken Englands leitet und beträchtliche Zeit in die Formatierung der Rezepte und in nötige Korrekturen gesteckt hat, die ich vermutlich übersehen hätte. Außerdem hat sie mich als Computer-Analphabeten davor bewahrt, meine Dateien aus Versehen wieder zu löschen. Sie ist eine Mac-Expertin – was für ein Segen!

Mein nächster Dank geht an Binay, Ijjath und das Restaurantteam für ihre unermüdliche Unterstützung und an Gina, unser literarisches Wunderkind, das so unglaublich gut schreiben kann und uns immer in Kontakt mit der Welt hält. Ich lege ihr jeden Text zur Durchsicht vor, sie lässt ihr geschultes Auge darübergleiten und vollbringt, wo nötig, kleine sprachliche Wunder. Ein weiser Freund, Professor Dr. Ismail Laher, Head of Science an der Universität von British Columbia, sagte einmal: »Gina kann mit Worten aus einem Bach einen reißenden Strom machen.«

Zu guter Letzt möchte ich dem Team von Hardie Grant danken – besonders Stephen King, Kate Pollard und Kajal Mistry – für ihre Nachsicht, wenn ich wieder einmal durch die Gegend hetzte, um es jedem recht zu machen und trotzdem das Buch fertigzustellen. Ich hoffe, sie werden für ihre Unterstützung den verdienten Lohn erhalten und einmal stolz darauf sein, dieses wunderbare Buch herausgebracht zu haben.

Ich muss auch die Beharrlichkeit von Anna Louise und Debbie loben, die mich immer beruhigten, wenn ich mir wieder einmal Sorgen machte. Außerdem bin ich Helen sehr dankbar, einer unglaublich talentierten Fotografin, mit der auch in Zukunft Autoren, Verleger und Köche wie ich die Freude und das Privileg zur Zusammenarbeit haben mögen.

Ein weiteres großes Dankeschön geht an Charlotte Heal für ihr herausragendes gestalterisches Talent. Mit der eindrucksvollen Gestaltung dieses Buches ist es ihr gelungen, den bezaubernden Charme Bombays und seiner Küche einzufangen.

Zuletzt gilt mein Dank allen Lesern und den Freunden meiner Küche. Ich hoffe, das Buch wird Ihnen gefallen und viele Jahre Freude machen. Lassen Sie mich in fünf Jahren mal wissen, wie viele Flecken es inzwischen hat. Nalini, die Frau meines Cousins, zeigt mir oft mein erstes Buch, dessen Rezepte sie schon unzählige Male nachgekocht hat – und man sieht es ihm an.

Viel Vergnügen,

Cyrus Todiwala